寻梦骆驼桥

赵会营　李孟韬　主编 ■

中国广播影视出版社

图书在版编目（CIP）数据

寻梦骆驼桥 / 赵会营 , 李孟韬主编 . -- 北京 : 中国广播影视出版社 , 2023.9
ISBN 978-7-5043-9067-7

Ⅰ . ①寻… Ⅱ . ①赵…②李… Ⅲ . ①家族—史料—镇海区 Ⅳ . ① K820.9

中国国家版本馆 CIP 数据核字（2023）第 131406 号

寻梦骆驼桥
赵会营 李孟韬 主编

责任编辑：任逸超
责任校对：张 哲
封面设计：人文在线

出版发行：中国广播影视出版社
电 话：010-86093580 010-86093583
社 址：北京市西城区真武庙二条 9 号
邮政编码：100045
网 址：www.crtp.com.cn
电子信箱：crtp8@sina.com

经 销：全国各地新华书店
印 刷：三河市龙大印装有限公司

开 本：880 毫米 × 1230 毫米 1/32
字 数：88 千字
印 张：5.5
印 次：2023 年 9 月第 1 版 2023 年 9 月第 1 次印刷

书 号：ISBN 978-7-5043-9067-7
定 价：39.80 元

《寻梦骆驼桥》编委会成员

引　言

　　宁波，取"海定则波宁"之意；镇海，以"望海"更名。一个是海丝古港，一个是海天雄镇，共同演绎着向海而生、依海而兴的历史传奇。九龙湖鱼山·乌龟山遗址、应家遗址的发现，证明早在六七千年前，茫茫濒海滩涂上就有先民生息繁衍。五千年前，随着姚江改道，此地形成了百川归海，一路竞东的气象。在广袤的宁绍平原上，一条条河流东流入海，其中有一条叫作中大河。中大河的一支发源于汶溪尖山，另一支发源于丈亭江，入化子闸，两支汇合于黄杨桥继续向东流，至镇海城关西门平水桥，有分叉经白龙洋汇前大河出涨鑑碶，最后入甬江，再入东海。中大河总长 22 千米，横穿镇海全域，灌溉农田 6 万亩，堪称镇海的"母亲河"。

　　在这条母亲河上，舳舻相衔，桥梁林立，其中的一座桥叫"骆驼桥"。骆驼桥始建于北宋建隆元年（960），横跨在中大河上，南北走向，以河为界，河南属镇海县西管乡，河北归慈溪县德门乡，曾经是接壤慈溪、镇海两地的水陆要津。骆驼桥重要的交通枢纽位置促进了地域社会的发展，形成了以其为中心的市集老街。老街临河而建，街上建有凉亭五间，桥南有南街，中大河旁有东街、中街、西街。街上商铺林立，市井繁荣。《骆驼桥村竹枝词》对骆驼桥的街市进行过描写："夏瓜秋菜冬春笋，消受姚江土产多"，说的是当时骆驼桥下余姚船来往不绝，所销售的土产一半来自余姚。"逢双开市骆驼桥，白蛤黄鱼味美调。最是居奇穿网货，晚潮风起满肩挑"，讲的是骆驼桥逢双日开市，水产海鲜品种很多，特别是描述了沿海的人于落潮后，赶海捕获海鲜，肩挑"穿网货"（小海鲜）沿街叫卖的情景。由此可见，至少在清末民初，骆驼桥街市已经相当繁华。

市场繁荣带动百业兴旺。一些从事补缸、补镬、修伞、修船、弹花等行业，以及泥匠、木匠、石匠、漆匠、篾竹匠、箍桶匠等人员集聚骆驼桥一带，开店设摊。民国二十一年（1932），"宁波帮"人士虞洽卿创建通运长途公司，招商承建宁波江北封仁桥到观城的公路，使得水陆交通更加便利，骆驼桥更成为连接慈溪、镇海、宁波三地的重要商埠，其街市更加繁荣。当时，镇海县在骆驼桥南堍的自然村设立乡，乡名叫"六大"。由于"六大"与"骆驼"的宁波方言发音相似，很难分辨清晰，于是渐渐地把"六大"讹成"骆驼"，"骆驼"这个地名就由此而产生。

骆驼桥集镇上最早居住的是盛、翁两姓。两家以贵胜堰为界，盛家在堰西，翁家在堰东。据史料记载，盛氏大约在宋时迁入，公认的始迁祖为盛次伸。盛次伸字秉刚，曾任明州节度推官、知慈溪县事，居慈溪东乡骆驼桥，后子孙繁衍，聚居在慈溪、镇海两地。盛家后代以沙船起家，运漕粮发迹，在贵胜堰旁建有大屋，俗称"堰头大屋"，临中大河还筑有大批居舍，有"九十九间""九进十明堂"等宅院。盛氏后人曾称："吾族盛时有花园五，曰：守愚、日涉、竹医、肯园、一鉴轩。"大多今已不存。盛氏既以仕途为官入籍镇海骆驼桥，子弟以仕途为官为目标，浸润着江南的灵气，濡染了宁波人视野开阔、敢为天下先、经世务实、诚信精明的风气，加以中国士大夫"达则兼济天下，穷则独善其身"的传统，成就了骆驼桥盛氏宗族以官宦世家出身、以经商振兴发迹的家族发展历史，成为"宁波帮"代表家族之一。

目 录

第一章
宗族溯源

　　中国人的姓，最初可能产生于母系社会，后来随着父系社会的确立，姓的区别家族血缘的功能得以强化，从而起到别婚姻、明世系、别种族的作用，成为代表有共同血缘、血统、血族关系的种族称号，进而成为家族系统的标志。对中国人来说，姓已然成为一种文化符号，意味着自己的根之所在。

第一节 骆驼桥盛氏

盛（Shèng）姓源出有三：一是来源于周代的分封国郕国，以国为姓；二是以祖名为氏，在西汉避汉元帝刘奭的名讳，改奭（Shì）姓而为盛氏（古代盛、奭同音），这一盛氏源流被称为盛氏正宗；三是由少数民族改姓，清满洲八旗盛佳氏后改姓盛氏，东北地区的盛姓中有一部分来自满族。浙江宁波镇海骆驼桥盛氏，是出自姬姓，还是由奭姓改姓，从什么地方迁入，据现今仅存的1919年第七次修撰的《慈镇盛氏宗谱》尚无法确定，但可知其始祖为盛昊。

据《慈镇盛氏宗谱》记载，盛昊，字希天，北宋建隆二年（961）考中进士，做官一直做到工部尚书，被封为康靖侯。盛昊有两个儿子，长子名昭，字明卿，是建隆五年（964）的武举，官至康化军节度司，赠武毅都虞候。次子名曦，字朝卿，以父荫举仕越州判官，官至德州司户。经查考正史和杂记，没有盛昊的记录。对此，盛昊的二十六世裔孙盛植麒于道光元年（1821）五修宗谱时，曾以严谨的态度写了《旧谱存疑》，因"正史无考，杂记亦未见"而对"盛氏始祖盛昊"存疑。由此可见，中国人固然讲究慎终追远，但更强调认祖归宗的严肃。

按中国人修宗谱、别姓氏的惯例，在溯及始祖后，还要有郡望和堂号。"郡望"一词，是"郡"与"望"的合称。"郡"是行政区划，"望"是名门望族，"郡望"连用，即表示某一地域或范围内的名门大族，因为世居某郡而为当地所仰望，并以此区别于其他的同姓族人。查考《慈镇盛氏宗谱》，没有注明骆驼桥盛氏的郡望在哪里，但在盛氏二十一世裔孙盛大可于康熙五年（1666）二修宗谱时写的《盛氏二修宗谱序》中，似透露了骆驼桥盛氏的发迹之地。他说："吾宗盛氏，自宋至清，越几百年世居于四明慈镇之交。由是比庐相望以及道途指示者，咸相传曰：'此盛氏祖居也！'噫！吾生于斯，长于斯，聚族于斯，亦知吾盛氏之所由来乎？可推原先世节度公讳次伸，系三品爵知慈溪县事，乃康靖侯十五世孙也。康靖侯官尚书，谥肃敏，为一世祖，而五世祖宣平侯仕后唐为中尉，吾盛氏之起居于唐，其先始基于广陵，自推官公徙居于兹，而非原籍四明也。"由此可见，骆驼桥盛氏其先发迹于宋，始祖盛昊居吴，到后唐（923—936）时，家族渐渐壮大，其始基地为广陵，即今之扬州。

堂号，本意是厅堂、居室的名称，后成为一个家族的称号，是家族门户的代称，也是家族文化重要的组成部分。因古代同姓族人多聚族而居，往往数世同堂，或同一姓氏的支派、分房集中居住于某一处或相近数处庭堂、宅院之中，堂号就成为某一同族人的共同徽号。同姓族人为祭祀供奉共同的祖先，在其宗祠、家庙的匾额上题写堂名，因而堂号也含有祠堂名号的含义，是表明一个家族源流世系、区分族属及支派的标记，是家族文化中用以弘扬祖德、敦宗睦族的符号标志，是寻根意识与祖先崇拜的体现。所以，堂号和郡望一样，都是中国姓氏文化中特有的范畴，也是中国人寻根问祖时不可或缺的一部分。根据《慈镇盛氏宗谱》，骆驼桥盛氏家族的堂号应为"源远堂"。

第二节　始迁骆驼桥

　　"落其实者思其树，饮其流者怀其源。"我们在一睹骆驼桥盛家的功业之余，自然会问到盛家来时之路，问到迁居骆驼桥的盛家老祖宗。《慈镇盛氏宗谱》认为，在十五世盛秉刚时，这个家族中的一支始迁并居于慈镇交界的骆驼桥。

　　据《创建盛氏东祠记》记载："盛氏肇基淮海，始祖肃敏公为宋太祖朝司空。勋业伟如，晋封康靖侯，自后簪缨轩翥。至理宗时，秉刚公令勾章，有惠政，因家焉，慈之有盛氏自此始。秉刚公由慈令遴迁为内相也，上眷之甚，特赐谱牒手诏褒美。"由此可知，骆驼桥盛氏是由于盛秉刚在慈邑任县令，因为当官有政声，于是在任所安家，这一支盛氏就在宁波骆驼桥繁衍生息，由此成为慈镇望族。

盛秉刚，谱名次伸，为盛氏十五世。查宗谱知，其父盛鹏，生三子：次仲、次伸、次膺。盛次伸官至同中书门下三品明州节度推官知慈溪事，又据《创建盛氏东祠记》"递迁为内相"。由于他受南宋皇帝理宗赵昀的信任，理宗特降圣旨令他修家谱，在他的主持下，骆驼桥盛氏族人开始修建家谱。家谱奉旨修竣后，盛次伸还请文天祥、黄震题词，使此次修谱甚为荣耀。

对此，盛植麒在《旧谱存疑》中质疑道："按谱首有宋宝祐三年（1255）御赐玺书一道，内载节度推官盛次伸，不言何处节度。次伸公自序始言明州。凡制诰中无不详书某地某官，似不应简略若此。且考《浙江通志》，宋宁宗升明州为庆元府，理宗时不应仍称明州。"他认为，盛次伸的始迁明州骆驼桥，是有疑问的。同时，盛植麒还质疑道："按次伸公自称明州节度推官，知慈溪县事。郡邑志俱不载。"他进一步质疑道："按慈邑志，宋元丰时有知县盛次伸。谱中血线次伸为次伸同胞弟，其中相去一百七十年，断非兄弟可知。"

同时，据《慈镇盛氏宗谱·次伸府君志传》记载："盛次仲,元丰初为令,雅有文名。究心民瘼,持身公介,不畏强御,戢吏爱民,政多惠利,后为内相。"这段短短的志传文,依据的是《宝庆四明志》。查考《宋诗纪事》,的确有盛次仲这个人,为元丰中翰林学士。《宋诗纪事》还从《乾道四明图经》中录有其所写的《题东寺松石小轩呈同游关彦长明府》一首。可见,盛次仲为北宋神宗时人,盛次仲(秉刚)为南宋理宗时人,非同胞兄弟。按《慈镇盛氏宗谱》,若无舛错,其同胞兄弟盛次仲则应与元丰时的盛次仲同名同姓了。

综合分析,或许事实是这样的:北宋神宗元丰时,有盛氏族人盛次仲在慈溪任县令,到南宋理宗时,盛次仲(秉刚)奉旨主持修建了骆驼桥盛氏宗谱。此时,盛氏已在骆驼桥繁衍生息了。

那么,盛氏究竟何时在骆驼桥繁衍生息的呢?盛植麒在《旧谱存疑》中说:"按蔡序内云'自康靖侯徙明州',大可公序云'自次伸公徙居于兹'。既辨明蔡序之非,何以世系谱载:十二世自强公葬小溪、十三世逢子公迁鄞县、十四世鹏公葬鄞城南、十五世次伸公即鹏公之子复为慈溪知县?"如果世系谱所载的这条有关墓葬的内容没有舛错,那么，盛氏始迁慈镇骆驼桥并在现之宁波繁衍生息，当在十二世或之前，至少可以肯定的是早于十五世盛次伸（秉刚）之前。由此也可以看出，到盛次伸时，他修谱以认祖归宗、团结慈镇骆驼桥盛氏的必要性。

第二章
官宦世家

　　骆驼桥盛氏家族因先世在宁波为官而留下支脉生息繁衍，天然的血液中传承着中国自古"学而优则仕"的文化基因，读书进仕一直是盛氏族人不变的至高追求。骆驼桥盛家也因坚守这个信条，人才辈出，家运兴旺，以读书传家，成为当地望族。

第一节　诗书可传家

传统中国一向以官本位占据着读书人的思想，所谓"达则兼济天下，穷则独善其身"，意思是读书人在不得志的时候就要管好自己的道德修养，得志当官的时候就要努力为苍生百姓，使天下人得好处，所以读书人以读书进仕为终身目标。即如一般的平头百姓，如果能读书，他的理想也是"朝为田舍郎，暮登天子堂"，希望自己能通过科举、选拔等方式，早上还是在地里劳动的种田郎，晚上就成了天子朝堂上的大臣。这种观念在中国老百姓的思想中根深蒂固。

盛氏家族自始祖肃敏公盛昊为官以来，后世子孙以仕宦为荣。虽然肃敏公家训中没有以仕宦为目的的训导，但后世子孙确是以他为榜样的，主要以读书仕进为目的，因此其后世子孙为官者甚多。从《慈镇盛氏宗谱》的记载中可知，盛昊生二子，长子名昭，以武举得官，还不是以读书进行科举取得的官职；次子名曦，以父荫举仕，因为父亲当官的缘故，得以承袭而当官。虽然如此，盛昊父子为官，却为后世子孙开创了官宦世家的基础。因此，《慈镇盛氏宗谱·创建盛氏东祠记》中云："盛氏肇基淮海，始祖肃敏公为宋太祖朝司空。勋业伟如，晋封康靖侯，自后簪缨轩翥。"①

的确，盛氏家族为官宦世家，后世子孙为官者甚多，而且多以读书致仕，多为能臣良吏。盛氏子弟做官的途径无非两种：一种是科举考试，一种是捐纳，即出钱买官，其中最重要的还是科举之路。综合来看，盛氏家族直接考中全国考试的进士做官的不多，但在清代能够在全省举行的乡试中考取举人，就有做官授职的资格，不少人就是从举人这一步起家的。例如清正廉洁的盛廷诏（1729—1785），字凤衔，号莲南，又号金门，是乾隆二十四年（1759）的举人，未考中进士，经吏部大挑，以一等以知县用，分发直隶，借补景州州判，继补衡水县知县。盛廷诏为人清

---

① 《慈镇盛氏七修宗谱》十六卷，民国八年（1919）木活字本。

介，为官廉洁，平时约束自己的家丁无故不得外出；规定衙役外出公干、追捕等事的支出，都回来向县衙报销，待案情或诉讼明了之后，由败诉者或犯案者支付赔偿。由此，当地的老百姓都不怕官和衙役，有诉讼的纠纷都直接到公堂来解决。衡水县少水多旱地，农民大多种植高粱等旱粮作物，耕种又粗放简单。盛廷诏在田间地头调查后，兴修了一些水利设施，并到家乡镇海招募农业技师，到衡水县教导当地的农民耕种，督促农民改良耕种方式。他还常常亲自到田间地头劝农民努力耕种，不误农时，他的所作所为，深得民心。在衡水县任上还没有满两年，他已经使"官民相亲如父子"了。

再如，终生从事教育事业的盛炳儒（1785—1849），字硕彦，号醇斋，慈邑庠生。出身富裕家庭，但天性朴素、勤快，没有富家子弟的奢侈、放荡习气，精进学业，于嘉庆十三年（1808）补邑弟子员，二十四年（1819）考中举人；后在道光六年（1826）的大挑考选中列为二等，以教谕用选授常山县训导，在钱塘县、昌化县任教职，十七年（1837）选补常山县训导。盛炳儒在任上勤于公务，政绩突出。上司也觉得他政绩突出，但盛炳儒热爱教职，不谋升迁，安于在这个"冷曹"小职位上，最后卒于任上。同样淡泊名利的如盛炳章，号斐船，又号翡船，又号菲泉。很早以诸生入太学，无奈科举不顺，以明经博学试用历署衢州府学、上虞县学，后又于嘉庆十五年（1810）选授会稽县学，在任上即倡议修建学宫，并捐献了自己的俸禄修葺文庙，有政绩而不居功，又生性淡泊，不以当官升迁为目的。同事张春农在任上去世，家徒四壁，囊无一钱，盛炳章慷慨地以自己的俸禄助张之家人扶柩返乡，令人感动。他因为政绩突出，上司想向上推荐，盛炳章力辞。后来又任遂安县学士，在任上逢当地水旱之灾，盛炳章又尽力赈灾，捐献自己的俸禄，为当地百姓所爱戴。

盛氏家族同样存在一些人受限于家境，没有条件走读书应考的路子，但即便走上了经商之途，都念念不忘纳捐得官，光耀门楣，这才是根深蒂固的官宦心理。例如盛炳桵，字仰乔，13岁丧父，因家境不很富裕，于是弃儒经商，在宁波先是跟随蛟川余翼青做生意，经商有信誉、有才干，为同辈所推重。后来另开辟生意，以药材经营为大宗，生意渐渐扩大，在好几个省都设有分支商号，经营了十多年，家业于是振兴。盛炳桵生性温和，为人处世忠厚，致富之后，也以家族帮济、邻里慈善为务，多有义举。例授五品衔、奉直大夫布政使理问加二级。再如盛在谦，字益生，号望湖，从小就跟他的父亲盛炳庆读书，后来因家道中落，于是弃儒经商。20岁后，祖父母、父母先后去世，盛在谦把先人按礼仪安葬后，又与弟弟共同主持家政，使两个弟弟、三个妹妹都得以成家立业。无奈太平军攻占宁波，家业荡然无存。太平军乱后，盛在谦去广州做生意十多年，家业才重新振兴。致富后，也以慈善乡里、抚恤同族为乐。诰授奉直大夫，妻子吴氏封宜人，均得高寿。

又如盛在诏，字凤书，盛在谦的弟弟。幼而好学，读书能过目不忘；又很有孝心，有什么好吃的，一定先孝顺父母，凡事能先征求父母的意见再行，因此很得父母的欢心。父母有病时，能服侍周全，得到亲邻的赞许。但因家境不宽裕，于是弃儒经商。20岁娶妻后，往来于上海、汉口之间做生意。为人勤谨，又能筹划，所以虽然为人沉默寡言，但同业喜欢向他讨教，为同辈所推重。太平军乱后，盛在诏因父亲去世、弟妹尚未婚配，因此回到宁波做生意。凡振兴门户分内所应当的、地方公益及乡邻周济等事，无不慷慨好施，克尽义务。盛在诏后来由上舍援例得司马职衔，诰授奉政大夫；妻子朱氏封恭人。他的祖父母、父母皆请得封典。

从以上论述可以看到，盛氏家族子弟大多以读书仕进为目的，一旦科举不顺，即弃儒经商或在家孝养父母、教育子弟；有的以例得授郎官等虚衔，有的以捐资得官。由此可见，中国古代官本位的社会传统以及家族的影响，使得盛氏家族子弟有能力的都会去追求一官半职，从而成就了骆驼桥盛氏家族官宦世家的特点。

第二节　同辈三知县

县域治理历来是中国国家治理的基础和重点，作为一县之长的知县，在明清时期，虽然只享有行政序列中正七品的低级官阶，却是极少数跟老百姓直接打交道的官员。他们需要面临更为错综复杂的环境，负责一个区域刑名、钱谷、治安、教化四个方面的事务，对个人的历练以及社会的稳定和发展都是一个大挑战。正如清代《皇朝经世文编》所言："天下之治始于县，县之治始乎令。"短短一句话，精确指出了清朝知县的重要性。盛氏家族作为官宦世家，虽然没有出现显赫的大官大宰，但也出现了同辈兄弟中同时担任知县的现象，一时传为美谈。

盛植麒（1770—1827），字天石，号藕塘，是盛廷诏的第三个儿子。盛植麒天性孝友，聪颖过人，不仅善于领会经史之书，且写文章下笔文采斐然。在嘉庆三年（1798）顺天府乡试中被挑取为誊录，就是科举考试中抄誊试卷的职员。由于在工作中尽心尽责，被提拔至安徽颍州府同知。在安徽颍州任上，正值灵璧、宿县、泗县、凤阳等四县闹饥荒，当事主政者不以百姓的饥寒为意，盛植麒把自己的俸禄捐了出来用于赈济，还去省里请求赈济百姓。为此，他被派往凤阳县赈灾。盛植麒到凤阳后，亲往民间查勘，并把灾民分门别类造册，以此为依据支放钱粮，杜绝了侵犯百姓利益冒领赈济的弊端，使老百姓得到了实惠。经过半年的辛苦努力，赈灾任务圆满完成。

在安徽赈灾期间，盛植麒任劳任怨，以至于积劳成疾，于是告病还乡。回到宁波家乡后，正值宁波大灾，于是他与哥哥盛植麟商量，发家财赈济乡邻，开仓设粥厂救济灾民，使许多乡邻得以活下来。乡人郑义门、郑性倡议建德润书院，盛植麒积极响应倡议，独自承担了德润书院东舍的建设费用。当时，有奸民吴葆生刻意盘剥盐户，激化了盐商和盐民的矛盾，几乎要引起盐民暴动。盛植麒知道后，紧急约见督抚，并联合鄞县、镇海、奉化、余姚等四县的官绅商议，使盐税政策按原有的规定执行，保护了盐民的利益，平息了一场暴动。

盛氏家族第五次修谱也是由盛植麒主持完成的。盛植麒的父亲盛廷诏退休归里之后，想要续修宗谱，但不久即去世，修宗谱成为他的遗愿。他的长兄盛植麟、仲兄盛植骧也惦记着修谱之事，屡次写信给他，希望他能主持修谱之事。但盛植麒因为宦务繁忙，没有时间和精力主持此事，又不想把修谱大事交给别人。就这样，续修宗谱之事竟被搁置了"数十年"。直到连两个哥哥都去世了，他才考虑到"族中子姓日益繁衍，于重修二十五世下，又增四叶，不及时修补，咎将安归？"于是，盛植麒与侄子们一起商量续修宗谱，他们在家里设了一个谱局，在总祠召集族人，并悬挂告示修谱的条例，选举办事认真、通晓文义的人逐家分查造册，然后送谱局核对。这一年是清道光元年（1821），自夏至冬，历时八月，宗谱修成之后抄了三份分藏各宗祠。

盛植麒性喜吟咏，辞官归里后，每天与朋友辈诗歌唱和，兼工歌词，著有《一鑑轩诗草》和《藕塘外集》若干卷。盛植麒在病重临终之时，口占自挽三章而卒，享年58岁。

盛植才（1760—1811），字含英，号墨峰，又号韦卢。盛植才幼时聪敏有悟性，工于诗文，曾受业甬上蒋学镛之门，为蒋氏所赏识。乾隆五十四年（1789）中举人，考充咸安宫教习，期满后以知县拣发广东，历任广东海丰、开建、电白、海康诸县县令，补授阳春县知县，擢升知州，署雷州府海防同知。

盛植才每到一个地方任职，必廉洁清明有政声。电白县有一个叫龙福儿的，早先娶许氏女为妻。后来龙福儿家道中落，许氏女也遭逢父亡。因为许氏女姿色娇美，许多富家子慕名来求婚，用重金贿赂他的哥哥。许氏女的哥哥为金钱所诱，欺负龙福儿贫穷体弱，逼迫他退了婚。许氏女痛哭自誓，声明至死不再嫁。许氏女的舅舅怜惜外甥女的志向，偷偷地把她藏匿在自己家里。许兄搜求不得，于是把舅舅告上了官府。当时的县令判决把许氏女配给富家子弟。但是许氏女的舅舅把外甥女藏匿到其他地方，搜寻不得。后来这个县令调走了，由盛植才审理此案。许家舅舅这时出来为外甥女申冤。盛植才详细地了解了案情后，把双方唤到公堂审讯。盛植才先问龙福儿何以退婚。龙福儿回答说，实在是受妻兄的逼迫，退婚不是出于本愿。盛植才又问许氏女的舅舅何以带着外甥女逃匿。舅舅回答说，实在是怜惜自己的外甥女誓志不他嫁的决心，如果他嫁，她要跳水而死，所以出援手而藏匿她。盛植才又问许氏女，你与丈夫既已离婚，与其跟着贫穷的丈夫终老一生，受饥寒，何不跟着富家子弟穿锦服、吃粱肉呢？！许氏女大哭失声。

盛植才于是重重地处罚了许兄，而罚富家子弟金100两作为龙福儿的婚费。盛植才随后又命许氏女到县内衙，让自己的夫人给她梳妆打扮后，出奁资50金，备齐彩车、鼓吹把新娘送到了龙家。此时，一县轰动，围观者如堵，百姓无不受到鼓舞。事后，县里的士人组织征集诗歌以记录这件事，有刘世馨者在诗中写道"竟把鸳鸯填旧谱，还将金翠饰芙蓉"，一时传为美谈。

盛植才不久补阳春县令。此时正值海盗蜂起，聚集在白庙、红花两港。盛植才募集乡勇防御，捕获并斩杀海盗数百，当地百姓都感恩戴德。后来，盛植才又一次捕获海盗。这一次，海盗聚集在白蕉、汾洲等地，抢劫焚杀当地及周边百姓，盛植才向巡抚请示后，得到1000人，命令其中的100人驾船引诱海盗，其他人埋伏在海塘下。那100人在海上诱海盗，装着反抗抵御海盗，没想到竟把海盗头子伤了，于是把这些海盗激怒了，他们倾巢而出，追入连海的江中，这时埋伏的人出来把海盗的后路截住，海盗无一漏网。盛植才这一次捕获海盗之事被朝廷知道了，因为这个功劳迁其任雷州同知。

后来，盛植才在任上病卒。由于他为官清廉，家贫，家人没有钱把灵柩运回老家镇海，电白县的士民纷纷出钱资助其家人运回灵柩。据家传，盛植才的家人在扶灵回乡途中，沿途有民众含泪祭奠者，并捐资助其家人扶灵返乡。

盛植本（1762—1810），字伦先，号小垞，后改名"盛本"，并以这个名字为世人所知，宗谱中亦以此"盛本"名载录。据《福建通志》记载，盛本于雍正四年（1726）中举，由乾隆五十四年（1789）拔贡，考充八旗官学教习，期满后以主事拣发福建，补福建闽县令，为政有能声。嘉庆四年（1799）任宁德县令，上任伊始，盛本就察访民情，得知有豪强欺压百姓，令人捕获其为首之人，并严厉处治了他，其他的人闻风而洗心革面，县境得以安宁。平时，盛本勤于县政，常坐堂审理案件，毫不徇情。县里的城墙雉堞和衙署都整治得井井有条，并改造拓建了城隍庙，在旧祠里立碑表扬忠义之行。后来，盛本又调任龙溪县令十年。之后任南安县令，期间以千金抚恤许贞女。下莲村的林睿受泉州商人的委托，携带一千两银子去厦门，中途在乌厝寮遇盗贼被杀，事发地点离他家才三里。盛本亲自到林睿家去走访，得知前一天晚上，有乡邻二人到林家走动，托林睿买毡帽。盛本得知这个情况后，立即把这两个乡邻拘传，经过审讯，这两个人承认了杀人劫财的罪行。

后来，盛本以丁忧辞官回乡。县人感念他的恩德，在丰州书院祭祀他。盛本为人警敏，工隶草，尤其擅长擘窠书，因此找他题字的人很多。但盛本清高有气节，不畏强势，有权势而无品德之人，很难得到他的书法。在盛本任闽县县令期间，有一个"摄福清大吏"想召他去书写堂额，盛本厌恶此人的无礼，不应其"召"。这个人非常想得到他的字，令人送来双倍的润额给盛本的儿子，让他的儿子尽力请求。结果盛本还是拒绝了。

第三节　父子两进士

在中国古代科举制度中，通过最后一级的中央政府组织的考试者，称为进士。进士，被称为天子门生。他们中的大多数人，会留在京城获得官职，这属于中央政府的属官。而外放的进士，到地方也能做县令或县丞。虽然进士初授的官职并不高，但是有进士出身的身份，升迁相对容易，所以在古代中国，考中进士是改变个人命运、光耀家族门楣的大喜事，如果父子同为进士、同朝为官，则是人们羡慕的佳话，盛植型、盛炳纬父子就同为进士，是盛家流传后世的又一美谈。

盛植型（1829—1887），字钧士，号容洲，咸丰六年（1856）丙辰科进士，以主事分发吏部。光绪元年（1875）任预修《穆宗实录》详校官。书成，升吏部员外郎，曾掌吏部考功司印，补吏部文选司员外郎。盛植型在京以"清、慎、勤"自励，穿布做的衣服，吃蔬食，步行上衙。

盛植型在任京官期间，曾经为在京的镇海试馆的建设做出了贡献。试馆是科举时代各县在京城、省城设立的"招待所"，是为了满足本县秀才参加省城乡试、举人上京会试时住宿和聚会的地方。省城乡试三年一次，录取者为举人，翌年再赴京会试，合格者进行殿试，录取者为进士。在乡试、会试中，由于找不到旅馆或其他栖身之所，常常要影响秀才、举人们考试的临场发挥。当时，在京为官的镇海籍工部主事谢辅坫、吏部主事盛植型有感于近几年宁波及镇海籍的举人进京会试者日众的现状，想在京城设立试馆。同治六年（1867），两人得知东华门外有民房欲出售，想通过同乡的官员和富商集资购买，于是找来同邑在京的候补盐提举余鸿潮磋商，余鸿潮认为靠募捐已经来不及，索性由他先出资，以后如不足再筹集。谢、盛两人大喜，购买到位于东华门甜水井头的民宅，于是进行装修，余鸿潮又送来一批生活设施，即迎接本邑举人前来下榻。试馆的设立极大地方便了举子，为本邑科举人才的脱颖而出助了一臂之力。

光绪九年（1883），盛植型被外放任湖北安襄郧荆兵备道。他清介自持，不名一钱，为人秉正，在任上能为民兴利，不遗余力地革除各种弊端。盛植型考虑到襄郡之地土地瘠薄，民众劳苦，筹款不易，不能大办民生设施，但又不忍心民众困苦，于是去行省向两院争取政策，建议每年在樊城镇船釐税项下，拨留四成作为老龙堤每年的修治专款，其余部分作为地方的各项惠民政策的实施之用，其目的是点点滴滴归老百姓的民生之利。

为了这个事，盛植型一连四次上省，来回往复，上方为他的至诚所感动，同意了这个方案。有了这个政策，盛植型还想在城内增设孤贫院、栖老所，于四乡设常平仓以积蓄稻谷，用于备荒。盛植型凡所考虑的都是地方的长治之计，可说是惠泽一方无穷。

可惜的是，盛植型为政劬劳，为抢修京山县张壁口堤岸决口，在船中住了一个多月，积受风寒，回到衙署后的几个月，突然患病，终于不治，享年59岁。

盛炳纬（1855—1930），字星旋，号省传，盛植型次子。盛炳纬从小聪颖有悟性，天分很高，10岁时就以善写文章并参加了郡试，被称为"神童"。他的老师钱桂森见他年纪小小就在郡试中名列前茅，赞誉他："欧、曾之遗也！"意为盛炳纬的文章是欧阳修、曾巩古文的继承，是欧、曾的接班人。

盛炳纬于清光绪五年（1879）乡试中举，次年殿试又中进士，选庶吉士，授翰林院编修。当时，盛炳纬的文名更大，所以也不大在意去进一步争取功名，每天去一个叫海王村的地方寻找旧书，每次买回来好书就昼夜攻读，竟积累了十多万卷藏书。

光绪十一年（1885），盛炳纬奉命提督四川学政，主管四川的教育科举。他讲究严格考核，杜绝冒滥。衙署中有一个积年的陋习，即胥吏每六年更替，须缴纳顶参费，一人往往要几千金，盛炳纬一无所受。他立意改革四川科举考试中的弊端，很快就使当地的风气为之一变。一年多后，因为父亲去世，盛炳纬服丧辞官。服满后，于光绪十七年（1891）又任江西学政，二十年（1894）又兼江西乡试监官。根据乡试的结果，盛炳纬常勉励诸生研究经史，并调各县的高材生一百余人入省城经训书院肄业，以朴学教育这些学生，并捐赠自己所藏之书三万卷。经过这样的一些措施，他为江西培养了一批人才，成绩卓著。经盛炳纬赏识提拔的青年士子，都知名于世。

盛炳纬对于社会公益之事，无论是实业，还是文化建设，往往引为己任。光绪二十四年（1898），他筹办粮米接济浙东饥荒，两年后创办巡防；宣统三年（1911），资助宁波和丰纱厂开工，创办永川外海诸商轮；帮助路局在宁波境内筑铁路购地。盛炳纬尤其关心乡邦文献建设，购得姚燮手辑的《蛟川耆旧诗系》遗稿，为之刊行；参与规划《镇海县志》编纂，并任总阅；1914年，盛炳纬重印出版了鄞县陈仅的《扪烛脞存》一书。《扪烛脞存》是由世称"余山先生"的鄞县人陈仅汇编成的语言学方面的著作，其中既有对传统书面文言文句读方面的见解，又保存了大量的宁波方言词汇和语句记录。盛炳纬重印此书，与当时的文字改革的时代背景有关，很可能是想把此书作为制订新式标点符号的参考资料。

　　盛炳纬的突出成就还在于在家乡创办现代教育，创办了宁波中学和镇海中学。他两任学政，后来因预先清醒地意识到清朝衰败灭亡的趋势，于是辞官回乡，在家乡兴办教育事业，成绩卓著。对他的政绩，著名诗人陈三立对盛炳纬的评价很高，他在所撰写的《前江西学政翰林院编修盛君家传》中盛赞盛炳纬："全浙学务公所立推君为之长，虽避不居其名，而维系赞助无不至。以故披猖之说，嚣陵一逞之习，犹得君树之鹄而阴救其弊。他若通航、造轨、赈灾、恤患，利民生而便工商者，为君所号召，资无不集，事无不举，惠泽之所被远矣。晚岁居沪渎，超然物表，隐几窬歌以全其真。""君以承明著作之才，前后奉使持衡两州，于造士得人，可谓有劳矣。退居犹汲汲务兴学，始终不贰，其精魂所淬厉何如哉！"[①]

[①]　陈三立撰《前江西学政翰林院编修盛君家传》。

第三章
商帮望族

　　盛氏家族是官宦世家，历来以读书出仕当官为正途，但当仕途不顺利的时候，许多家族子弟会选择经商，这一方面受到了明清时期商品经济发展的影响，另一方面也得益于宁波人从商传统的影响。由于盛氏家族子弟务实、精明、诚信的经商理念和作风，他们成就了自己振兴家族的理想，成为慈镇当地的望族。

第一节　时代转折

同中国传统士大夫一样，盛氏家族中的骨干分子始终认为，经商只是末事，仕宦才是正途，这同中国传统的儒家思想和历史上重农抑商的传统是一致的。中国历史上的政治中心、经济中心长期以来一直地处北方，到了宋代才开始南移，"重农抑商"的一贯思想符合中国作为传统农业国家的特性。宁波地处东南沿海的浙东地区，海洋与商业的天然联系使得这座城市，从八千多年前的聚落就开始了靠海而生、依海而兴的历史传奇。

宁波独特的区位优势，地处中国海岸线的中部，背山面海的地理环境，加之东北方有舟山群岛作为屏障，具有天然良港的海运优势和渔盐之利的生存优势，自古以来就有从事航运与对外贸易的传统。秦时宁波称"鄞"，因近海岛屿上的鱼贩盐商和滨海之地的商贩来这里集货贸易而得名。唐宋时期宁波已经成为我国重要的对外贸易港口，唐时泛海兴贩的中国商人，从明州（今宁波市）出发，横渡东海到达值嘉岛，再进入博多津，从中涌现出李邻德、李延孝等明州海商。宋代赴日本、朝鲜的商船也大多在明州放洋。南宋张津在《乾道四明图经》中说，当时的明州"虽非都会，乃海道辐辏之地，故南则闽广，东则倭人，北则高句丽，商舶往来，物货丰衍"。元代，地方志《四明续志》中说，定海（今镇海市）是"蛮夷诸番舟帆所通，为一据会总隘之地"。进入明清以后，厉行海禁，宁波商人的合法贸易被堵塞，导致走私贸易异常活跃。直至嘉靖二十一年（1542），由于包括双屿港（今舟山六横岛附近）在内的浙江沿海走私贸易港口相继被明军攻克捣毁，明州海商势力遭到重大挫折。清康熙二十四年（1685）海禁解除后，宁波自明代嘉靖以来沉寂百年的沿海和海外贸易又迅速活跃起来。

濒临海洋，造就了宁波人独特的个性。即使是处在强制推行"崇本抑末""重农轻商"的中国传统中央集权社会，宁波也是极少数崇商敬贾的地区之一。究其原因，一是因为地少人多，只得四出谋生，而以从事商业为主；二是由于浙东学派"工商皆本"的学术思想的影响，其代表人物如叶适、王阳明、黄宗羲等的思想都对突破"崇本抑末""重农轻商"的传统观念功不可没，特别是黄宗羲，第一个公开提出"工商皆本"的思想，把对"崇本抑末"论的批判，提高到了中国传统中央集权社会可能达到的最高限度，为宁波商帮的形成奠定了经济伦理基础；三是宁波人本就有经商传统，而明末清初的王朝更替、清政府对江浙文人举业的压制，如屡兴文字狱、调减调控学额数等策略，使宁波从商的大军中，有文人学子的加盟，他们因仕途受挫，弃儒从商，把儒家思想融入商家的经营理念，诚信为本，义中求利，从而成就了宁波商帮。

对骆驼桥盛氏家族来说，出身于官宦世家，他们大多讳言经商之事，但当他们家道中落、祖业无继或仕途受挫、科场失利时，许多人选择了经商。例如，盛廷谔、盛植琯、盛植樑等人或因家道中落，或因父亲早逝，无人可继承祖业时，只得弃儒经商；盛竹书和盛梧冈则是因为幼负文名，才华横溢，而一旦科场受挫，就转而弃儒经商。盛氏子弟很早就在上海、天津、福建以及汉口、青岛、烟台、大连、营口、田庄台等地经营商业。盛廷谔（1737—1819）是盛氏宗谱记载中最早从事商业的家族子弟，由于他经商有思路，善于经营，早在乾隆年间就已经通过经商成就百万家业。盛廷谔经商的成功带动了盛氏家族经商的风气。盛植樏（1772—1842）创建了盛氏家族的一支北船航运队伍，到乾嘉时盛氏家族的船只多至百艘、数百艘不等，使骆驼桥盛氏由此振兴。

在众多商帮家族中，镇海郑氏十七房、慈溪乐氏、镇海柏墅方方氏、鄞县童氏、镇海小港李氏被公认为"宁波帮"中最早出现的经商家族。其中，镇海柏墅方的代表人物方亨宁，在嘉庆元年（1796）于上海开始经营糖行和丝号；鄞县童善长于乾隆十年（1745）在上海开设"恒泰药行"；镇海小港李氏代表人物李也亭于道光二年（1822），在上海"曹得大糟坊"当学徒；可见，盛廷谔、盛植樏他们经营商业的时间，当在"宁波帮"最早从事商业经营的家族的同时，因此也是"宁波帮"中最早从事商业经营的先辈之一。这里还可以大略做个比较，当盛廷谔于乾隆年间从事商业活动时，顾宗瑞（1886年生）、李徽五（1875年生）、项松茂（1880年生）、陈万运（1885年生）、刘洪生（1888年生）、俞佐庭（1888年生）、金润庠（1890年生）、李康年（1898年生）等"宁波帮"第二代活跃在上海滩上的风云人物，其时均尚未出生。正是在盛廷谔、盛植樑等盛氏先辈的引领下，盛氏家族成了宁波商帮早期经商的家族之一。

第二节　航运先驱

宁波是中国大运河南端出海口，海上丝绸之路东方始发港之一，其境内河网纵横，余姚江、奉化江汇流成甬江向东入海，属于典型的江南水乡兼海港城市。宁波得天独厚的地理位置与水运环境，为发展航运提供了天然优势，形成了一批从事航运起家的商帮家族。骆驼桥盛家紧紧抓住清朝解除海禁与漕粮海运的时机，从事南北货运贸易，开创了宁波人运漕粮的先河，成为宁波商帮航运业的先驱。

一、沙船起家

宁波地处东海之滨，海道辐辏，良港罗布，从宁波港起航，商船可借助海潮和风力往来南北。唐宋时期，宁波已是海上丝绸之路和陶瓷之路的始发港之一。依海而居的宁波人凭借得天独厚的地理环境，积极从事航运贸易，使宁波成为中国航运业的重要基地。南宋时期，宁波海运繁荣，南北号商船商帮兴起，国内和国际市场都有所扩展。宁波海运业和造船业的集中，更加刺激了运输业所必需的生产和销售，促进了宁波经济的对外辐射力。

沙船是中国古代近海运输海船中的一种优秀船型，是中国"四大古船"之一，为中国古代著名的海船船型，近海航运业界普遍使用这种海船，在唐宋时期就已经成型。因其船船底平，非常适合于水浅多沙滩的航道上航行，所以沙船又叫作"防沙平底船"。

盛氏家族开拓了沙船业的航运经营范围。据《慈镇盛氏宗谱》记载，骆驼桥盛家是从乾隆年间开始从事沙船货运业的。盛家最早开始经营沙船货运业的是採岩老人盛廷谔。盛廷谔，字采言，号採岩，又号守愚，是盛邦藩之子，其兄弟八人，他排第七。据谱传记载，其"少读书，既而辍学为贾，善居积，致富巨万。"採岩老人享年八十多岁，在其引退后，由其长子盛植筠和三子盛植义继承其业。

据盛氏家谱记载，在清代嘉庆、道光之间，盛氏与费氏"设廛肆于甬江之滨,所制巨舰四五十艘。以运燕齐之产售之东南。消息盈需,收什五之利而旋转之,缗符钞券岁有增羡。厥后由合而分"。盛氏与费氏是姻亲。两家从北方低价买进南方所需要的货物,如小麦、腌腊、黄豆、豆油、豆饼等,运到上海高价卖出;或由上海再向南方转运到浙江、福建、广东;或经长江转内河到达两江两湖地区。有时在上海低价买进纱、布、棉花等货物北行,贩往青岛、烟台、天津以及关外的大连、营口、牛庄等地高价卖出,这样往来一次,做两次生意,得利丰厚。清代道光后,盛、费两家航运业开始各自经营。

盛氏西支也靠航运业起家。西支分别在田庄台、营口设有甬上北商运业场所。据《盛世显君传》记载:"君讳在邦,号世显。世居镇海县西管乡之骆驼桥。父炳贤,生四子,君其季也。凤具大志,欲以计然术显其家。惟笃于至性。幼丧父,……初君之父设药肆于奉天之田庄台,君之兄继之,君于是亦至焉,别设肆于营口,为甬上北商经理运业。"盛在邦(1844—1910)的父亲盛炳贤(1803—1857)于道光初年在辽宁田庄台经营药材生意,其兄继承父业经营药材。随后,盛在邦也来到田庄台帮忙。当时的田庄台堪称内河巨埠,由田庄台至三江口的"八百里河道,

帆樯林立，往来如梭"，南起保灵宫、北至曹家湾子仅 4
公里的沿河一线就有码头 10 余处。进出田庄台码头的船类
众多，帆船、驳船往来穿梭于营口与田庄台之间，在辽河
自开河至封冻期间，有船往来多达两万艘。那时，田庄台
相当繁华，是东北三省内河航运最大的通商口岸、农副产
品的集散地。装载着粤、闽、浙、苏、鲁、川等省出产的
绸缎、布匹、茶叶、瓷器、漆器、竹器及日用杂品等的船只，
通过田庄台码头销往东北各地；然后将装载着东北平原出
产的高粱、大豆、药材、木材、皮毛运往南方各省。盛在
邦看到了田庄台的航运商机，与哥哥商量后，经理甬上北
商运输业场所。后来航运业由田庄台转移到营口，盛在邦
就将甬上北商运输业设在营口。由于他"持筹握算，诚信
相孚，久之营业大充，而家业亦由是渐裕焉"。

　　盛氏家族还有另一支北船航运队伍，是由盛植槩创建
的。据《盛梧冈六十寿辰祝颂》中记载："吾郡绾波而州，
鱼盐蜃蛤，海物惟错，以其所有，易其所无，南北闽峤，
聚梗楠杞梓之材，北达幽燕，收齿革羽毛之属，而皆以海
舶运之，北船利倍于南船。乾嘉时多至百艘、数百艘不等，
而慈溪骆驼桥盛氏用是起家。"当时，我国的沿海航线，
以长江口为界，划分为南洋航线和北洋航线。向南包括浙江、

福建、广东、南沙群岛，统称南洋，向北包括江苏、山东、河北、辽宁，统称北洋。航运南洋的称"南船"，驶往北洋的称"北船"。盛植樑从乾隆年间开始经营沙船货运业，往返于福建、河北、山东、辽宁等地。经过几年的摸索、打拼，发现北方的货运利润高于南方，于是盛植樑创建盛氏北船号，即商号"盛惇记"，专营北方的货运。北号后来由盛植樑的儿子盛炳澄（1810—1876）经营，此时"盛惇记"的规模已经不小。盛炳澄，字汉介，号榛山，"承父业经营航运业"。盛炳澄接手后，精心谋划，周密安排，在青岛、天津、营口等港口设运业网点，不让船只放空。由于他善于经营，其生意红火，成为宁波九大家北号舶商之一。五口通商后，招商局以轮船承运，北洋运输竞争激烈，获利剧减，盛氏才逐渐放弃北洋航运业。

二、漕运机遇

盛氏家族还是甬上漕粮运输的第一家。道光四年（1824），洪泽湖决口，河漕受阻。协办大学士、户部尚书英和上奏《筹漕运变通全局疏》，认为要解决漕运危机，唯有"暂雇海运"，并详述海运的可行性，称"海运神速，风顺七八日可到，较河运不啻十几倍"。道光帝读了大喜，这个建议又得到了琦善和陶澍等人的附和，于是道光帝斥退仍持反对意见的大臣，起用支持海运的琦善接任两江总督。由此，开始了清朝历史上的首次漕粮海运。承接清廷漕粮海运业务的是盛炳煜（1795—1857）。

道光六年（1826），漕运运量大增，而上海的沙船运力不足，两江总督要求浙江巡抚召派宁波船分运。其他的宁波商人不知按照惯例有"脚价"（走脚钱，类似"补贴"），怕不法奸商勾结官府，层层盘剥克扣水脚银并从中牟利，都不愿意承运，采取了回避办法，还重金聘请辩士去南京回绝。那时，两江总督琦善奏办海运的决心很大，对那些宁波商人的想法大为震怒。盛炳煜得悉后，急急赶到南京面见琦善，请求独自承运，并表示愿意放弃脚价以充军饷。

盛炳煜对天津港的情况十分了解。天津原名直沽，本为"海滨荒地"，元代定都北京后，因运漕以海运为主，而海运均起驳于天津，所以直沽作为海运码头的地位，在元代就已经形成。明清时期，天津城市获得了更大的发展。从康熙年间起，由辽东经海路贩运粮豆到天津的商业活动就十分兴旺。随着道光年间清代漕粮海运的推行，天津是海运的终结地，每当沙船、卫船抵达天津之际，清廷都钦派大臣前往，负责漕米验收和在当地收购余耗，江浙两地的粮道也须亲自前来，这使得围绕验收工作而来的驳船、水师、经纪人等云集一时。盛炳煜因经常与江浙两地粮道的一些官员打交道，故对运漕粮政策十分熟悉。

漕粮是"皇粮国税"，运送漕粮是军国的大事，当时由政府直接向船主发放耗米和水脚银：每运粮 1 石给银 4 钱；按糙粮和白粮，分别给食耗 0.8 斗和 1 斗；承运一船，往往可得银数百两，并且有其他的一些奖励措施和优惠政策，如运粮沙船仅载漕粮八成，其余二成可听凭船家带货，并且享受免税优惠。此外的好处还有很多，比如漕粮运到，返程时可自行揽货，未装漕粮以前，沙船以由北而南为"正载"，贩运东北的豆麦等物；由南而北装载茶布之类，每不满载，谓之"放空"。雇沙船运漕，官府出价，并允许携带商货，所赚运费又是一大笔的额外收入。

作为宁波人承运漕粮的第一家，盛炳煜目光深远，善于经营，精打细算，巧于安排，又坚守信用，交货及时，使得以后运漕粮的业务不断。海运漕粮成功后，道光皇帝分别对英和、琦善、那彦、陶澍等 130 多名官员嘉奖，对海运出力的船商 46 人进行保举，各受其赏，以捐职优先选用。盛炳煜授通判的官职，并诰授奉直大夫。

三、宝顺轮

盛氏家族除了航运之外，还以倡议购洋船平盗护航获得朝野的好评，此举一时"震动朝野"。咸丰三年（1853）六月，太平军攻占镇江、扬州，切断了运河通道，漕粮再由河运已不可能。七月初，户部决定由江浙两省仍办海运，由上海放洋。其中浙漕70万石，苏漕则因战事，仅办白粮5万石。当时，恰逢青浦县周立春因征漕问题率众起义，小刀会领袖刘丽川呼应，杀死了上海知县袁祖德；八月，起义军接连占领上海、南汇、青浦、宝山等县，并一度欲攻占太仓州。清政府急于想收复失地，于是调兵遣将，激烈厮杀，不久虽夺回宝山，但上海一时无法攻下，海道未能打通，浙漕运输只得由浙江自己解决，因此，沙船、卫船都出来应命，以宁波船为大宗。

而当太平军起义时，各地都纷纷响应，使清政府忙于围剿义军，海盗乘机在海上横行，肆掠无忌惮，他们阻截商船，勒索赎金常常达到千余金。虽然由船家联合起来组成船队北上，而且还有兵船护行，但海盗却不怕，而且变本加厉，每次抢劫一船所索取的赎金更多。这使浙江商船的损失很大，盛氏北号受到的侵害更是首当其冲。于是，盛氏家族为了维护自己的利益，联络各大船帮抗击海盗。

当时，盛植琯（1811—1867）联络了慈溪的费纶志、镇海的李容一起向各船主倡议，集资购洋船平盗护航。船主们纷纷响应，无不允诺。但因洋船的价格太高，没有成功。后来与宁波府台段光清商议，采取官府和船商各垫支一半的价钱，每年按船货的收入比例陆续归还，以咸丰五年（1855）五月十二日开始计数捐厘，并充当所购洋船历年所需的薪水佣资、衣粮、弹药等诸经费。不久，由鄞县的杨坊、慈溪的张斯臧、镇海的俞斌久去上海联系，向粤东的外商购买了火轮船一艘，定价银7万两，名曰"宝顺"，设庆成局。宝顺轮由鄞县的卢以瑛负责，慈溪的张斯桂监督船勇，镇海的贝锦泉负责炮舵，一船79人。一切就绪后，他们上书给官府督抚，并咨会海疆文武官，列入有关档册，于咸丰四年（1854）冬季开始平盗护航。

第二年，来自广东的海盗船30余艘，大肆劫掠福建、浙江商船，并窜至北洋与其他的海盗联合，致使运输船只都被阻，张斯桂急忙驾驶轮船于六月出洋，七月七日，在复州洋轰击海盗的舰艇，击沉了5艘，击毁了10艘。十四日，又在黄县洋、蓬莱洋击沉4艘，俘获一艘，焚烧16艘，其余的海盗上岸逃窜，船勇也上岸追击，毙40余人，俘30

余人；十八日，在石岛洋击沉盗艇一艘，救出江浙回空运船300余艘。就这样，北面的航道肃清后，轮船回到上海。二十九日，船巡石浦洋，海盗船有23艘在洋面上停泊，宝顺轮船率水勇船进厄洞下门，两相攻击，自卯时至未时，击沉了所有海盗船；幸存的海盗窜逃至黄婆岭，被追斩300余首；九月十三日，在岑港洋又击沉海盗船4艘，14日在烈港洋击沉海盗船八艘，十八日又在石浦洋击沉海盗船2艘，十月十八日再次在烈港洋击沉海盗船4艘。于是，南面的航道也肃清了。三、四月间总共击沉、俘获海盗船68艘，生擒海盗及杀死、溺水死者2000余人，宝顺轮的名声大震于海内外。由此，宝顺轮护航后，运输漕粮的船只都安然无恙。

　　当时，北洋不允许西方洋船航运，宝顺轮虽是中国人所购的轮船，但行驶在北洋，被山东巡抚崇恩知道后，上告朝廷，朝廷下旨追究浙江巡抚，将要治发给执照者的罪。段光清召集各绅士商议对策，有人提出："这没有什么难处的，商人自己出资购买轮船以护商，并且以护运，官吏是不能禁止的；船在外夷制造，应该为外国船，而出售给商人，应该为商船，官府给商人的执照也是惯例，不必担心。但只要不雇佣洋人，今后不去北洋就行了。"

段光清听后觉得有理，将这话回禀巡抚何清，何清听后也不再追究此事。咸丰六年（1856），上海商人也购买了洋轮，与宁波商人约定，一只船停泊在南槎山，杜绝外洋海盗北来之路，一只船巡弋浙江海面，以备非常，这样海盗更加少了。不久，洋人入天津，重定和议，北洋口也允许通商，外国船行驶中国洋面不分南北，海盗于是绝迹。

清浙东名士董沛在《宝顺轮船始末》中载："中国之用轮船，宁波宝顺轮始也。……中外臣工咸知轮船之利，有裨于军国，曾文正首购夷船，左文襄首开船厂，二十年缘江缘海增多百艘，皆宝顺船之倡也。宝顺船虽为护运，而地方有事亦调遣。洪秀全踞金陵，调至以守江；法兰西窥镇海，调之以守关。在事诸人迭受勋赏，而张斯桂、贝锦泉久于船中，以是精洋务。斯桂起诸生，充日本副使；锦泉起徒步至定海总兵，又异数云。自中原底平海盗，无风鹤之惊，宝顺船窳朽亦复无用，然原其始，则费纶志、盛植琯、李容三君之功不可忘也。"[①] 由此可见，董沛认为宝顺轮的购置，对中国的水路运输、江海航运有突破

---

① ［清］董沛《宝顺轮船记》，1994版《镇海县志》第982页。

性的贡献。

的确，两次鸦片战争之后，国门洞开，沿海及内河运输开放，对中国古老的沙船等的运输业造成巨大的冲击，外国航运势力挟其雄厚的资本和先进的运输工具，大量涌入沿海以至内陆。外轮的侵入和排挤致使宁波南北号沙船业遭受致命的打击，经营业务每况愈下。福建按察使郭嵩焘1875年在一份材料上如此描述中国航运业的衰败景象："轮船入中国，而上海之沙船、宁波之钓船、广东之红单船全失其利。侵夺而及内江，自汉口以下，各船废业者逾半。"在外国近代航运势力咄咄逼人的攻势下，宁波沙船业的航运优势丧失殆尽。因此，在这场事关国家航运主权和民族利益的竞争中，宁波商帮以强烈的生存意识和抗争激情，及时转变经营方式，顺应时代航运要求，开始走上从传统的沙船航运向近代轮船航运业变革的发展之路，引领中国商人经营近代轮船业之先声。清咸丰年间，宁波北号船商向西方购买引进的中国第一艘轮船宝顺轮，初始目的虽为护航，后转为航运，但这是宁波港在近代化道路上迈出的具有重要意义的一步，标志着中国航运从传统木帆船到近代轮船业的革新。

盛氏家族先是因为从事南北货物经销而从事货运航运，

接着又拓展了漕粮运输，后来又提出洋轮护航，这无论是在中国的航运史上，还是在漕运史上，骆驼桥盛氏家族都书写了浓墨重彩的一笔。由此，盛氏家族也从经商及实业中积累了财富，振兴了家族，但这种致富振兴家族之举，是在清廉家风下的仕宦所不能达到的。

第三节 金融先驱

盛氏家族在经商方面发展的地域主要在上海、苏州、汉口、天津、营口、青岛等地，由于上海在五口通商之后迅速崛起，又尽得天时地利之便，因此，同其他的宁波商帮家族一样，盛氏家族也把上海作为家族经商的发展重点，无论在航运业、商业，还是金融业、实业方面都有自己发展的产业。在宁波商帮占据上海金融业主导地位的情况下，盛氏家族子弟在金融方面，也有自己出色的表现。他们先是从事钱庄业，然后向现代金融及证券交易等方面拓展，并做出了突出贡献。

辛亥革命后，华资金融业（尤其是银行业）迅速崛起并形成，在民族产业资本持续发展的情况下，金融资本适应产业资本和政府财政的需要也快速发展起来。1912—

1927 年，全国新设银行 313 家，资本总额约 2.06628 亿元，是 1897—1911 年设立数的 10.4 倍，资本额的 8.1 倍，其中设于上海的银行有 56 家。钱庄业也由辛亥革命前后的低潮中迅速恢复和发展，1912 年上海汇划钱庄只有 28 家，1918年增至 62 家，1926 年达 87 家。在民族金融资本大发展中，浙江金融财团逐渐形成，以上海为中心并居于主导地位。

上海钱业起源于浙绍商人的碳栈兼营货币存放业。在晚清，浙帮钱庄在上海已具有举足轻重的地位。秦润卿在《五十年来上海钱庄业之回顾》中说：上海钱庄"自筚路蓝缕，开辟草莱，迄于播种耕耘收获，无时无地莫不由宁绍两帮中人之努力为多。"进入民国后，上海钱业资本日益集中到浙江帮之手；辛亥革命以后至 20 世纪 30 年代，浙江帮钱庄家数在上海钱业中始终占 60% ~ 73%，其正负资本额始终占上海整个钱庄资本额的 70% 左右，说明上海钱业资本已基本上为浙江帮所掌握。

浙系银行资本发展也很快，在 1912—1927 年上海创办的 56 家银行中，浙籍商人创办的银行或以浙籍商人为企业代表的银行至少有 37 家，这说明上海银行资本也在很大程度上已为浙籍金融资产所掌握。同时，浙系保险资本在上海的地位也举足轻重，他们是上海商办保险业的开拓者，如1904年，"宁波帮"参与周金镳所创设的华洋人寿保险公司；1905年，朱葆三、傅筱庵、严信厚、周金镳、王一亭等创设华兴水火保险公司，等等。进入民国后，浙系保险资本在上海仍占明显优势。1934年，总公司设在上海的保险公司共有22家，其中有浙系经理的至少13家，占总数的59%。

浙系证券、信托业资本在上海的优势也很明显。1920年7月1日，虞洽卿等发起创设了中国第一家资本主义性质的综合性交易所——上海证券物品交易所，虞洽卿任董事长，6名常务理事中浙籍商人有郭外峰（鄞县）、盛丕华（镇海盛氏家族子弟）、周佩箴（吴兴）、赵家艺（慈溪）4人。上海华商证券交易所、与交易所股票业务关联的信托公司也随之兴起，浙籍金融都占主导。

浙系钱庄、银行、保险业内部还联合起来，相互代理、相互开户、联合清算、相互投资和兼职等加强了彼此联系，结成风险共担、利益共享的集团群体，建立了公单制度（用于票据清算）和准备库制。准备库制规定凡公会会员一致加入为基本会员，缴纳30万元以上的准备财产和现金，用于办理同业存放、贴现、兑换和票据交换、转账及其与银行收解，从而使上海钱业公会成为风险共担、经济利益紧密相连的同业集团，而浙江帮既是该团体的主体，又完全掌握了准备库的实权，第一届主席及5名常务委员是清一色的浙江人，15名执行委员中，浙籍也占14人，盛氏子弟盛筱珊为其中的一名执行委员。

同时，浙系各钱庄间相互投资也很紧密，如志诚钱庄经理徐承勋（慈溪）投资永聚、益昌钱庄，赓裕钱庄经理盛筱珊（镇海）也是志诚钱庄的投资人，等等。

20世纪20年代前后，上海的浙系及宁波系银行联合起来，趋于集团化。浙江人入股中国银行上海分行（1928年总行迁沪）、交通银行上海分行（1928年总行迁沪）、浙江兴业银行、浙江实业银行、上海商业储蓄银行等银行，并担任经理、副经理、大股东等职。1922年，吴兴人钱新之北上任交通银行总行协理后，原浙江兴业银行经理盛竹书（镇海）继任沪行交通银行经理。

浙江兴业银行自1907年创办时其大股东都是清一色浙籍商人，这种状况直至20世纪30年代都没有改变。1914年该行在叶景葵（杭州）、蒋抑卮（杭州）主持下力行改革并迁总行于沪上，之后该行在叶景葵、蒋抑卮及盛竹书的合力经营下，业务迅速发展，存款额曾连续多年在商办银行中居第一名，成为全国商办银行中的佼佼者。

浙系金融集团在银行、钱庄、保险和实业诸业之间相互融通、投资，经营趋于集团化，形成同业组织成为必然之趋势。近代上海金融同业组织主要有钱业公会、银行公会，这也是上海最具影响的两个同业组织，均由浙籍金融家发起成立，其实权也主要掌握在他们手中。上海钱业公会会长均由浙江人担任，宁波慈溪人秦润卿共担任六届会长，任期长达13年（1917—1935年共有十届）。秦润卿还担任了两届副会长。盛氏族人盛筱珊担任了一届会长（1919）。上海银行公会（1919—1931）共八届，除两届无会长外，六届中有五届都是浙江人担任会长，盛竹书任会长三届，分别为第二届（1920年9月）、第三届（1922年9月）、第五届（1926年9月）；银行公会的董事（委员、常委）大多为浙江人，盛竹书担任了三届理事，分别为第一届（1918年7月）、第二届（1920年9月）、第三届（1922年9月）。

由于辛亥革命后至20世纪20年代末的上海金融业大发展，一大批浙江籍金融人才迅速脱颖而出，秦润卿、宋汉章、蒋抑卮、钱新之、李馥荪、吴鼎昌、虞洽卿等一大批人物和骆驼桥盛氏家族的盛竹书、盛筱珊、盛丕华等都是杰出的金融人才。

　　盛炳纪，字竹书，以字行。幼年丧父，随叔父在北京读书，后随堂兄盛炳纬赴四川供职，又转赴江苏金坛、常熟等地担任幕僚 15 年，积累了丰富的经验。1901 年，他发起浚通镇海东门浦，又参与兴办公益织布厂、公益医院、贫民借贷局等。1907 年盛竹书赴汉口任宁波会馆总董，并兴办宁波旅汉小学一所。1908 年被推举为汉口总商会议董，后任协理、总理。1911 年盛竹书任浙江兴业银行汉口分行总经理。1912 年与宋炜臣等发起成立中华全国商会联合会，担任湖北干事。1915 年盛竹书至上海，历任交通银行上海分行经理，浙江兴业银行常务董事，浙江兴业银行上海分行经理，上海银行公会第二、三、五届会长。期间，盛竹书创设了上海《银行周报》，筹组上海造币厂借款银团、通泰盐垦借款银团。盛竹书是盛氏家族从事金融业的佼佼者。

　　盛筱珊，名钟瑚，字隆顺，号筱珊。他是执上海金融业牛耳的镇海柏墅方家族的赓裕钱庄的经理，兼任上海市钱业同业公会第一、二、三届会董、第二届副会长，中华民国财政部钱业联合准备库执行委员和管理会议主席，中和商业储蓄银行董事，是当时上海乃至民国金融界大佬级别的经理，也是盛氏家族从事金融业的佼佼者。

　　盛丕华从银楼学徒、洋号账房一步步做起，积累了丰富的金融业务经验。1920年，上海证券物品交易所成立，盛丕华出任常务理事，并被推为主管会计。此后历任上海总商会会董、上元企业公司经理，在上海、武汉等地经营证券物品交易和房地产业。与此同时，盛丕华也参与买空卖空的投机活动。1924年投机失败，盛丕华负债累累，被迫避走武汉。到武汉后，盛丕华任汉口中国银行行长洪苓西的秘书。后来，他又转入洪苓西的开明公司任职，经营花纱布、丝麻的贸易，获利颇丰。此外，盛丕华还投资五埠地产公司，经营房地产买卖。1930年，盛丕华回到上海，重返交易所任常务董事。此时他还与他人共同投资中一银行，被选为董事。

　　盛氏家族在上海金融业的资本实力虽不及"宁波帮"其他家族，如镇海柏墅方氏家族、慈溪董家、镇海叶家、江东严家、湖西赵家，也没有抱团成为家族财团，但其在金融业参与管理、主持行业协会的影响力，参与并创新中国金融业从传统银楼、钱庄业到现代银行金融业的转变，在证券交易、现代银行制度的探索方面，其作用却是很明显的，也应具有先驱者的地位。

第四节　实业经商

镇海骆驼桥盛氏家族不仅在旧中国于航运业、金融业等方面进行了开拓，成绩斐然，在传统货物经销和贸易方面、实业救国方面都有所拓展。

盛氏与宁波鄞县望族费氏是姻亲。两家在嘉庆、道光年间就已经开始合作，从北方低价买进南方所需要的货物，如小麦、腌腊、黄豆、豆油、豆饼等，运到上海高价卖出；或由上海再向南方转运到浙江、福建、广东；或经长江转内河到达两江、两湖地区。有时在上海低价买进纱、布、棉花等货物北行，贩往青岛、烟台、天津以及关外的大连、营口、牛庄等地高价卖出，这样往来一次，做两次生意，得利丰厚。道光后期，盛、费两家航运业开始各自经营。他们的经商活动在一定程度上，为活跃青岛、烟台、天津以及关外的大连、营口、牛庄等地商业贸易做出了贡献。

清末民初，在当时的时代背景下，在当时的中国经济中心上海，身为"宁波帮"商人，盛氏家族也曾在"实业救国"的口号下，在实业方面进行开拓，其经营范围主要在渔业、面粉制造和酿酒等方面。

实业救国论是以发展民族工商业（实业）作为救国救民主要途径的一种思想。实业救国论在十九世纪末已开始在中国出现，到了辛亥革命（1911）前后成了一种颇为流行的论调。甲午战争（1894—1895）后，陈炽宣称：今后中国的存亡兴废，"皆以劝工一言为旋转乾坤之枢纽"（《续富国策·劝工强国说》），这可说是中国近代实业救国论的滥觞。20世纪初，张謇极力宣扬实业救国论，认为："救国为目前之急……譬之树然，教育犹花，海陆军犹果也，而其根本则在实业。"（《张季子九录·政闻录·对于储金救国之感言》）。张謇是中国近代实业救国论的最有影响的代表人物，实业救国论经他提倡而在社会上层人物中风行一时。到了20世纪初，实业救国论风行，当时中国的资本主义生产获得了初步发展，同时帝国主义国家在清廷卖国政策的帮助下，疯狂掠夺中国的资源和主权，民族灾难空前严重，这时民主革命运动也日趋高涨。中国资本主义生产的初步发展，提高了开明工商业人士投资办新式工商业的兴趣。帝国主义的猖狂殖民掠夺，激起广大人民爱国救亡的义愤，工商业界也感到了自己的生存和发展受到了更加致命的威胁。在这种情况下，以发展本国资本主义工商业，以抵制帝国主义侵略、掠夺为号召的实业救国论，成了一个反映民族资产阶级的利益和愿望，又具有广泛影响的思潮。

"十里洋场"的上海自开埠以来就是洋货倾销的舞台，充斥市场的洋货对中国民族资本工业带来了巨大的压力。头脑清醒、开拓务实的"宁波帮"的先行者们借助这个平台，坚守民族产品和品牌，高唱国货品质，以抵制外货倾销，在工商业领域与洋商一决高下。在工业方面，"宁波帮"商人经营有火柴、煤矿、造纸、化工、制药、纺织、毛纺橡胶等；商业方面，有五金、颜料、煤炭、水产、银楼、绸布服装以及保险、证券交易所等。其时，"宁波帮"从事实业的代表人物主要有叶澄衷（五金、火油、钢铁等）、小港李家（航运）、虞洽卿（航运）、大碶顾氏家族（航运）、郑良裕（航运）、庄氏和包氏家族（航运）、董杏生（上海公交）、余名钰（钢铁）、胡西园（电器业）、丁佐成（仪器制造）、林涤庵（化工业）、虞和钦（化工业）、曹莘耕（化工业）、方液仙（化工业）、金润庠（造纸业）、戴耕莘（烟草业）、乐汝成（食品业）、张逸云（食品业）等。盛氏家族的盛竹书曾在上海组织渔业公会，他在上海主要创办的实业还有泰东面粉公司、汉丰面粉公司等。

名闻宁波乡里的盛滋记酿酒园，又叫"慈东盛滋记官酱园"，是盛植琯（1811—1867）在道光十八年（1838）开创的，这是盛氏族人兴办的酿造作坊。盛滋记酿酒园从 1838 年创办到抗日战争前夕，经过近百年的发展，从原来的手工式酿造作坊，发展成为以酿造黄酒为主，兼营酱油、米醋、豆瓣酱、腐乳、酱菜等产品的近代酿造工业，生产初具规模。当时有库房、工场、办公室等房屋百余间，占地 50 多亩，职工 80 余名，蒸煮、压榨、发酵、蒸馏、腌制等工艺设备一应俱全，仅酿酒大缸就有上千只，酒埕、罎甏十几万只，库存陈酒每年保存在万埕以上。盛滋记酿酒园在宁波、慈城、庄桥等地设有批零兼营的门店七处，曾经盛极一时。中华人民共和国成立后，盛滋记酿酒园"公私合营"，到 20 世纪 60 年代厂子还在。值得一提的是，实业救国论的倡导者实业家张謇曾为盛炳钧题写墓碑。而盛炳钧正是盛滋记酿酒园的创办者盛植琯的儿子。

第四章
家国情怀

　　骆驼桥盛氏家族非常重视家族子弟的教育，因此家族历史悠久，文化底蕴深厚，同时也为当地人整体教育水平和文化水平的提升做出了贡献。

第一节　教　育

　　骆驼桥盛氏家族为官宦世家，主要以读书科举为业，曾在归厚堂义庄"设义塾其中，延师以课族之无力就傅者"，大大提升了家族子弟的总体教育水平。以此为起点，他们又把教育扩大，或办学招收非本族子弟，从而对乡邑的教育也做出很大贡献；或去外地从事教育，那些在外做官的盛氏子弟，每到一地，首先重视的也是当地的教育，因此对当地教育事业的促进作用很大。骆驼桥盛氏家族子弟从事教育，经历了从传统私塾到现代学堂的发展过程，无论是在传统教育方面，还是在现代学堂教育方面，盛氏家族子弟都是中国教育发展历史的亲历者、贡献者。

一、地方传统教育

在传统教育方面，盛氏家族子弟做出了很大贡献，对家族子弟的教育促进作用很大。慈溪的德润书院与盛氏家族也很有渊源，盛氏族人有几代曾前赴后继为它的发展做出了贡献。

原址位于今慈湖中学内的德润书院历史悠久，相传为三国时期吴国阚泽（约170—243）所创建。据《三国志》记载，"阚泽，字德润，会稽山阴人也"，少年时代曾在现慈城的阚峰下勤耕苦读，"追师论讲，穷览群籍，兼通历数，由是显名"。孙权称帝时，任命阚泽为尚书令，加侍中，进拜太子太傅。传说他死后，孙权有好几天吃不下饭。后人为了纪念他，将他居所后面的山，取名叫"阚峰"。阚泽晚年信佛，他不仅说服孙权也信佛，在建康（南京）首建"建初寺"，而且自己也在赤乌二年（239）舍献自己在慈城的住宅建"普济寺"，从此摒弃功名利禄。后来阚泽又利用寺院里所设的书屋，招收弟子。到唐朝时，慈溪第一任县令房琯开渠造湖，称之为"德润湖（阚湖）"。延至唐大中二年（848），县令李楚臣在普济寺前湖畔营立"德润院"，以祀阚泽。"德润院"屡兴屡废，到北宋时才开始称"德润书院"。明时，赵文华曾重修。德润书院约在乾隆年间迁至"学宫"（今慈城孔庙）。清雍正初迁至县城小东门。雍正三年（1725），知县张淑郿始设义塾，邑人明经郑性捐田三十九亩作为另外的资金来支付掌教者的薪水。书院在初一、十五有课，但没有固定的场所，或"寄诸僧寮道院，移徙靡常"。乾隆十六年（1751），知县陈朝栋在学宫尊经阁下设学舍，匾曰"德润书院"。后任知县戴椿继续兴办书院，首聘学博王裕增为掌院。嘉庆二十年（1815），知县黄兆台暨邑人冯王景把书院迁徙建造在东门内（今慈城小东门处、清道山脚下），中间为讲堂，两边为厢房。道光六年（1826），学政朱士彦用慈湖书院旧管北乡的沙地九百亩拨入以补充支付掌教者的薪水。道光十二年（1832）邑人冯云濠、叶维新建先觉堂于讲堂后，奉祀虞翻、阚泽、虞喜、虞预、杨适、杜醇、杨简、黄震和姜宸英。道光二十三年（1843），知县赖晋捐资建魁星阁于讲舍堂前。咸丰十一年（1861），书院毁于火灾。后经光绪三年（1877）、五年（1879）、九年（1883）、十三年（1887）邑人冯全琛、冯伟才，知县赵振成、赵煦，掌教冯可铺和邑人陈景荣、童春、赵家薰、周晋标、洪隆传等人的多次劝捐集资，置义学田74亩，拨入56.65亩、沙地 900 亩，建东西两侧厢房以及门房厨房等，周围建了围墙。光绪十三年（1887），洪隆传捐资建了奎光阁。至清光绪三十年（1904），改办为正式两等小学堂。

据盛氏宗谱记载，盛氏族人盛植麒独资捐建了书院的东舍，盛在镐（号樵峰）曾"晚主邑城德润书院，修脯之赀悉给诸生，一毫不以自取。"这样的义务办学，一方面是因为他家资雄富，一方面是因为他乐善好施，仗义疏财，故不取书院一分一厘，更可以看出对教育的重视。

据光绪《慈溪县志》记载：明清时德润书院与"慈湖书院"竞争得很厉害，事业办得很兴旺，弟子考中举人、进士的数以百计。光绪《慈溪县志》卷二十载：慈溪一县，在明时选举举人 600 名，选举进士 220 名；在清时选举举人 450 名，选举进士 93 名。两个书院对慈溪的教育和选拔人才功不可没。清乾隆时，知县戴椿作歌曰："富润屋，德润身，士人读圣贤书，所学何事，盖将澡身浴德置已于古大儒之列，以树不朽焉。"由此可见，德润书院当年所培养的士子众多，科举人才甚众。原来的普济寺后来由于年久失修，于 1970 年全部倒塌。在其旧址上，慈湖中学建造了学生宿舍。

其他，如盛植型在湖北安襄郧荆兵备道的任上添设义

学，亲手制定私塾的规章制度，振兴书院，并增加住书院
诸生的月费；添设孝廉堂以考试选拔举人，兼及五贡；四
乡分设书院多处，以补充鹿门书院旧的规章制度所考虑不
周到的地方，对湖北地方教育的贡献很大，著名诗人、江
西义宁人陈三立为之撰写了《湖北安襄郧荆兵备道盛公家
传》，认为盛植型对江西教育的振兴、培养人才功不可没。
又如，盛在渌在福建马港任所，开讲院、兴文教以训导县
民，使他们不去犯法而免遭刑辟。由上可知，盛氏子弟在
传统教育方面，一是通过出资兴办教育的方式，一是作为
教学的管理者，如学政、学官，致力于地方教育，都对地
方教育做出了贡献。

二、近现代教育

盛植麒等生于科举时代，注重的是传统儒家思想的教
育，以激励士子功名进取，并教育民众风化习染以合乎传
统礼教。而到了清末民初，盛氏族人盛炳纬、盛炳纪和盛
钟襄等虽受益于传统科举教育，但却以开明的思想、开阔
的视野，开始致力于近现代教育事业的开拓，开宁波近现
代教育风气之先河。

1840年爆发的鸦片战争，以《南京条约》的签订而告终，

西方列强用大炮和兵舰轰开了中国的大门，中国开始了走向世界的艰难历程。中国的传统教育开始解体，逐步向近现代教育转型。道光二十四年（1844），宁波开埠通商后，随着西方教会组织的不断扩张，西学意义上的报馆、医院、义塾、育婴堂等文化教育机构和社会福利机构不断地得以创建，这不仅在客观上影响了当时的学校教育，而且冲击着人们的思想意识。在之后的自上而下的"洋务运动"中，政府开始创办新式学堂，西学不仅在官学中引进，而且开始渗透到民间。同时，留学教育也和新式学堂一起，成为掀开宁波教育近代化进程的一项标志。光绪二十年（1894），中日甲午战争的失败和二十六年（1900）八国联军进攻北京，使得民族危机进一步加剧，这也迫使清政府加大了对传统教育的变革力度，并逐步转入制度的层面。在这一历史转折点上，宁波教育发生了巨大的变化。维新变法时，更多官办、民办的新式学堂应运而生，而且其教育内容也与传统教育大相径庭，开设了地理、算学、农学、格物、理化、外文写作等新式课程。这一时期，西学的科学技术和价值观念也已经渗透到宁波普通的乡绅士子阶层，而不再停留于少数有识之士心中。传统教育向近代教育的转型初露端倪。之后，清政府于光绪二十六年十二月初十（1901

年1月29日）开始的十年"新政"中，宁波迎来了新教育的勃发阶段。这一时期，宁波教育体制在结构和功能上都在相当程度上与传统教育割裂，如废除科举，改制书院，普设新式学堂，创办实业教育、师范教育和女子教育等，无不涉及，但大多"旧瓶装新酒"不彻底。1912年，中华民国成立，宁波教育进入一个新的里程碑，以民国的教育宗旨，在办学思想上划清了与旧教育的界限，竖起科学、民主的教育大旗，并将这一教育理念体现在学校制度、课程设置等实践层面，使私塾向现代学堂转变；同时，迅速发展初等教育，中等教育也得到了全面发展，尤其是实业教育这一方面。民间捐资兴学的义举在这一时期也蔚然成风，宁波教育的近现代化开始形成。

盛炳纬十多岁时肄业于国子监，于清光绪五年（1879）乡试中举，次年殿试又中进士，选庶吉士，授翰林院编修，开始从事于与教育有关的事业。光绪十一年（1885），盛炳纬奉命提督四川学政，他讲究严格考核，杜绝冒滥。使署中长期形成的陋习之一，是胥吏每六年更替，须缴纳顶参费，一人往往要几千金，盛炳纬一无所受。他立意改革四川科举考试的弊端，使当地的风气为之一变。一年多后，因为父亲去世，盛炳纬服丧辞官。服满后，于光绪十七年

（1891）又任江西学政，二十年（1894）又兼江西乡试监官。根据乡试的结果，盛炳纬常勉励诸生研究经史，调各县高材生100余人入省城经训书院肄业，以朴学教育这些学生，并捐赠自己所藏书3万卷。经过这样的一些措施，他为江西培养了一批人才，且成绩卓著。经盛炳纬赏识提拔的青年士子，皆知名于世。

然而，盛炳纬头脑清醒，眼光独到，他早在北京做官时就意识到满清政府衰亡的必然，于是在他40岁时便以母病告假回乡，办实业举善事，为振兴宁波的教育事业呕心沥血。当时，他目击清末的时势，以为国家的当务之急，首在于提倡教育，培育人才，于是热心创办和发展家乡教育事业。维新运动时期，光绪二十三年（1897），盛炳纬筹款6万余两银子，与宁波知府程稻村等在月湖西侧废弃的崇教寺创办了储才学堂。宁波储才学堂为宁波第一所官办中学堂，当时办学基本上依照上海广方言馆章程，注重欧洲语言文字的学习，并经严格程序招收学生，聘请慈溪名儒杨敏曾为首任监堂（校长）兼总教习，开设译学、算学、舆地等新兴学科。学堂设初中三年、高中三年，最多时教师有56名（其中女教师5名），学生632名（其中女生116名）。

《申报》在1897年4月20日刊登了一则消息：

> 郡城绅士严筱舫观察信厚等人创设中西格致华堂，拟就规条呈送宁关道察阅。道宪批示云：据票，续拟规条十则似尚周妥，惟是堂之设重在西学，至于经史作文自有各书院课试，而当年经费必不可少，如已齐集，应先禀明立案。现在已否核实并应否禀明办理之处，仰宁波府督同提调梅传悉心斟酌筹议，禀复察办。其崇义寺亦可敷用，即应兴府。当此初创，筹款维艰，更宜诸从俭省，均毋违延，切切。

可见当时学校在草创之初，经费有限，一切从俭。

《申报》又于1897年5月24日登载了学校关于招生和入学考题的消息，因初次招考，人数只有三十多人，不够，于是又增添了补考日期和补考题，最终有七十多人应试。其考试题目为以经文写一篇文章和按指定的韵部作一首诗。

宁波储才学堂创办之初，科举尚未废止，旧学宿儒反对者很多，另外又因为经费不足而纳捐，导致乡民抗捐，毁坏办学人之一陈季台（汉章）家的门窗。学校开学后又有学生闹事不断。光绪二十六年（1900）义和团闹事，有人趁机"合谋要毁校舍，以图消灭斯校之存"。盛炳纬感叹办宁波中学"可谓险阻艰难备尝之矣"。后因校舍迫狭而于光绪三十三年（1907）在宁波南郊另建新校舍，知府喻庶三委托童玉庭、范清笙与盛炳纬三人共同筹款及建筑此校。然而，童玉庭以年老为由，范清笙以事情烦琐为由推脱，最后大小事务都由盛炳纬一人承担。当时新校舍土地不到30亩，盛炳纬在开工时亲临视察，发现旁边有无主土地8亩，于是决定把这块土地也一并归入，用于建造操场、会客室和教员室。此外，"监工之报酬、舆马、酒食、犒赏诸费"皆由盛炳纬捐助。即便如此，此举依然受到了当时的宁波宿儒末代进士高某、竺某等人的一再诬陷，真可谓忍辱负重，尽心尽力。他在《仓基陈氏翰香学校记》中回顾道：

> 余自光绪乙未（1895）由京师假归，颇注意学务。时浙江行省，尚未有学堂也。吾郡中学之创设，余为之物色教师，为之筹画常费，为之建筑讲舍。名称屡易，事实不更，今南郊第四中学是也。方创之初，老师宿儒交相诟病，余绝不置辩。

宁波储才学堂后更名为宁波府中学堂、浙江省立第四中学，即今宁波中学前身。这所学校曾为宁波培养了许多优秀人才，在第一批进校的学生中，有后来成为中国近代物理学先驱、北京大学物理系首任系主任何育杰教授，爱国诗人、曾任《天铎报》主笔和北京大学教授洪佛矢，北京大学教授叶叔眉，南社诗人费公直，民国时期曾任财政总长的李思浩等，在宁波近代教育史上，有着举足轻重的地位。

盛炳纬还创办了镇海中学。光绪三十一年（1905），清政府兴学堂、废科举。宣统元年（1909），镇海县内有识之士审时度势，认识到了发展教育、培养人才的重要性。到了宣统三年（1911），盛炳纬倡议筹建县中学堂（今镇海中学的前身），亲赴上海、武汉等地募资数万元作为建校资金，另拨原鲲池书院的存银 2.25 万元及演武厅地基卖得款中提抽的 1 万元，作为镇海中学堂基金，选优秀之士 6 人，赴日留学，以为中学的师资。经过盛炳纬的坚持和努力，镇海县立中学堂终于在城区东门内梓荫山南麓总持寺旧址（今镇海中学田径场）建成新校舍。1912 年，镇海中学堂正式招生，第一届招收两个班，学生五六十人，曾留学日本帝国大学的曹位康（馥山）为第一任校长。不久，县立高等小学堂也在盛炳纬的筹划奔赴中得以开办。

盛炳纬身为清代翰林，做过两巡学政，按理说他是旧学的得益者，却不畏艰险，不厌其烦，周旋于新旧学人之间，视办新学为己任，正如他自己所说，"既弃迹于国，当陈力于乡"，为家乡的教育做出了无偿奉献，为宁波的教育近现代化做出了重大贡献。

盛炳纪是盛炳纬的堂弟，他幼年丧父，随叔父盛植型旅居北京读书，学成后返宁波就试，以郡试第一名的成绩入邑庠，之后却屡试不中。盛炳纬赴四川任学政时，盛炳纪也随同入蜀供职。后来盛炳纪转赴江苏，先后在金坛、常熟等地担任幕僚15年，最后返乡致力于教育公益事业，创办养蒙、志成、简易公立等学校，并辅助镇海县县令孙燕秋劝办公私学校70余所。为了办学，盛炳纪私人垫款5000余元，持续13年。光绪三十二年（1906），盛炳纪在城关校士馆创办镇海公立两等学堂。光绪三十三年（1907），盛炳纪赴汉口，被推举为宁波会馆总董，他全身心投入其中，董理四明公所。为解决宁波旅汉同乡子弟的教育问题，1912年，在当时主持宁波会馆的盛炳纪的筹划下和唐爱陆的具体操持下，宁波同乡会旅汉公学在武汉成立，校长杜振坤，校董会董事长康辛潮，校址设在宪政五路135号，后改名为宁波旅汉小学，后又改名私立汉口宁波小学。据1920年出版的《夏口县志》记载，当时该校校址在汉口第四区德华里。

　　这是早期的由宁波人在汉口开办的公益性的学塾，延请宁波资深教师来武汉担负教职，如镇海籍著名举人陈继穰就是其中的一位，他的国学教育很受"宁波帮"及其子弟的欢迎。宁波籍辛亥革命活动家、前清饱学之士、秀才唐爱陆也是由盛炳纪邀请赴汉口兴办宁波学校的。唐爱陆又陆续介绍了一些年轻教师到宁波学校，边教书，边编刊物，传播进步思想，支持北伐战争。因此，宁波旅汉小学的任课教师多为宁波籍人士。大革命时期，由于大批宁波籍党、团人士来武汉避难，并在宁波小学任教，他们编辑刊物，传播进步思想，使旅汉小学一时成为汉口党团活动的一个中心。1938年武汉沦陷前夕，该校停办；1946年复办，改名为宁波旅汉同乡会附设代用国民学校；1947年8月正式改名为私立汉口宁波小学。宁波旅汉公学后虽曾改用各种名称，但该校一直坚持办学，到现在还名声卓著。

　　盛钟襄，字思赞，号逊伟，曾在山西做官，回乡后也积极筹办义务学校。1919年，盛钟襄在家乡开办毓三女子国民兼高小学校，借用盛氏住宅为校舍，订立了自治会规程。该学校设备整齐完备，教育注重实效，并锐意改革，联络各学校开办义务学校，使贫寒子弟都能接受国民教育。

　　创建于光绪十一年（1885）的镇海骆驼敬德小学，

最初是敬修义学，也为骆驼桥盛氏族人所创办，清朝末年曾用名"育才学堂"。当时学堂设在老佘三村盛家大屋里。1923 年，由盛丕华、盛锡钧、盛钰接办，中华人民共和国成立前搬迁到盛在郊大屋里头。李立靖任校长时，将育才学堂改名为"敬德学校"，经费由盛家旅外工商业者和盛姓家族族人募集。中华人民共和国成立后，敬德学校改为长骆小学，1958 年改组为市师范附小。

第二节　文　　化

镇海骆驼桥盛氏家族历史悠久，文化底蕴深厚。由于其先祖出身仕宦，来宁波为官落户，家族地位起点较高，加之家族世系绵长，子弟当官任职区域有四川、江西、河北、广东、福建、北京、湖北、山西、内蒙古、上海、浙江、江苏、安徽、河南、山东等省市遍布半个中国，因此视野开阔，在文化上能兼收并蓄。盛氏家族兴旺，人才辈出，所从事的文化领域涵盖各个方面，有教育、书法、宗教、地理、诗歌、新闻、藏书、音乐、绘画、医学、数学、文学翻译等。

一、书法

在传统教育中，字的书写是基本功，大家都能写，虽然如此，但成为书法家的，却是寥若晨星。盛本政务勤勉、为官清廉，是一个好官，也是一个杰出的书法家。他原名植本，字伦先，号小坨，骆驼桥盛家人。他以"盛本"这个名字在书法方面的成就为世人所公知。

盛本从小勤奋好学，十几岁时，其书法在乡里就已有了点小名气。可他总觉得不满足，深感自己的书法远未达到登堂入室的地步，于是决意访师求学。当时，身为翰林院侍讲的余杭县书法家梁同书的羊毫大字功力苍劲，风行全国。盛本便不辞艰辛，步行六百余里亲自登门拜师求学。谁知，梁同书未能摆脱官场中"重礼轻义"的习气，他见盛本身穿布衣粗衫，一副寒酸相，又见礼品菲薄，便借故一口回绝了他。盛本一心一意求学，遭此冷遇，心中自然懊丧，但他并不灰心。回家后，他加紧搜集历代的名家书帖临摹钻研，刻苦地练习。有一次，盛本听人说在汶溪山里有一块唐代颜真卿所书的大石碑，他二话不说，一清早就爬山涉险去寻找。最后，他终于在一片荆棘丛中找到了这块埋没了多年的古碑，如获至宝般地运回了家。为了节约纸张，盛本找了块很大的砖头，在上面挥笔书写。他从汉碑入手，又研习了"二王"（王羲之、王献之）笔法。每日鸡鸣即起，不分寒暑，练习不止，久而久之，竟把那块大砖头写得中间凹陷下去。他嫌羊毫做的斗笔笔力太弱，价格又贵，就自制了一种用棕榈丝做成的斗笔来写"擘窠"大字。岁月流逝，斗转星移，盛本数十年如一日地发奋努力，终于功到事成，后来卓然成家。

当时有一些官僚望族，为了附庸风雅，想用重金求得盛本的墨迹，但盛本对官场那一套早已深恶痛绝，毅然拒之。与此相反，盛本对普通老百姓所求以及乡里一些公用设施所用，却非常乐于挥毫。每逢过年过节，人家请他写对联，他都有求必应，没有一点架子。有一年，梁同书在杭州灵隐寺春游，偶然间在天王殿看到一块匾额，字写得龙飞凤舞、气势非凡，不由得赞不绝口，以为必出自名家之手，可细看落款，乃是"溪上盛本"。梁同书不禁暗暗吃惊，以为是自己老眼昏花，定睛再看，分明不错。他寻思道："难道他就是当年登门向我求教而被我拒之门外的盛本不是？"为此，他深感愧疚，懊悔当年不该如此。

盛本书法宗"二王"，工隶书、草书，尤其擅长擘窠书，点划极有法度，也能用隶意画兰花竹子。嘉庆十三年（1808），盛本曾书写《千字文》。《千字文》是中国早期的蒙学课本，相传为南朝周兴嗣所作。它是一篇由一千个不重复的汉字组成的韵文，句句押韵，对仗工整，朗朗上口，文采斐然，融入了天文、地理、自然、社会、历史等方面的知识。嘉庆二十年（1815），他的弟弟把他书写的《千字文》刻石，并请吴郡人言尚昆题跋。盛本书写的《千字文》石刻，气势雄浑有力，飘洒俊逸，笔触如棉裹铁，意趣横生，整体和谐，极富韵致。但刻石几经流转，命运多舛，后来由光绪解元镇海人陈修榆出资从福建购回，希望"以乡贤遗迹反我后昆"。几年后，《千字文》石刻为盛本族裔盛筱珊所藏。石刻原有十九方，缺一方，1933年陈修榆受盛筱珊所托补齐所缺，盛筱珊为补齐后的石刻撰写跋文，并请余姚人谢家山书跋。盛本书写的《千字文》虽有碑帖印行，但传世数量甚少，见者不多。为此，2019年年初，镇海区文物保护所将尘封在文物库房的盛本书写的《千字文》石刻，拓片后扫描制成电子本，并复制刊印成《盛本书千字文碑帖》，首次共印刷230册。该字帖纸质竹纸，黑底白字，高36厘米、宽22厘米，字体草书，字迹清晰，保存较好。至今，时隔百年，盛本的墨迹遗存已为数不多，但他刻苦学书法的精神仍然激励着后人。

二、文献整理

盛氏子弟对家乡的文化建设尤其重视，不但兴学培养人才，还出钱出力重视文献建设。盛炳纬在这方面有突出的贡献，他一生致力于教育，为人有雅量，识才重贤。一次，他坐堂应试学生，叫到一个叫"杨宗简"的学生的名字，心中一动，询问后，果然是慈溪乡贤、慈湖先生杨简的后人。由此，盛炳纬寻访得慈湖先生的墓在贵溪的罗塘，于是大喜过望，引为平生所至快。杨简（1141—1226）是南宋著名学者，字敬仲，号慈湖，慈溪人。仕途告归后，杨简筑室于慈溪德润湖（后更名"慈湖"）居住，世称"慈湖先生"。他继承并发展了陆九渊的心学伦理思想，对浙东实学、浙东学派的思想做出了很大贡献。盛炳纬重视杨简后人，一方面体现了对这位地方先贤的敬重，另一方面也是为了发展浙东学术。

1914 年，盛炳纬重印出版了鄞县人陈仅的《扪烛脞存》一书。陈仅（1787—1868），字余山，世称"余山先生"，鄞县人，是一个治学名家，喜欢秉烛读书，并将其读书时的感悟一一记录下来，久而久之，汇编成语言学方面的著作《扪烛脞存》，其中有对传统书面文言文句读方面的见解，并保存了大量的宁波方言词汇和语句记录。盛炳纬重印此书，与当时的文字改革的时代背景有关。1913 年，为扫清文盲、改良文字，北洋政府召开"读音统一会"，召集全国 80 位语言学家作为代表参加大会。本次会上确定了鄞县代表马裕藻提出的注音符号（当时称注音字母）为拼音工具，这也是我国第一个官方拼音方案。不过，"读音统一会"并未确立标点符号标准，书写还是一书到底，没有现代的标点符号，给一般读者的阅读还是造成了困难。作为曾经的翰林院编修，又曾当过省级学官的盛炳纬看到国家引领的文字改革大潮后，此时重印《扪烛脞存》，很可能是想把此书作为制订标点符号的参考资料。由此又可见盛炳纬视野开阔，具有清醒的头脑，在文化上具有创新的精神。

此外，盛炳纬还购得清末镇海人，著名文学家、画家姚燮手辑的《蛟川耆旧诗系》遗稿，为之刊行。他又参与、规划了《镇海县志》编纂，并任总阅，对镇海的地方史志建设功不可没。

三、盛茹茵与《上学歌》

"太阳当空照，花儿对我笑。小鸟说早早早，你为什么背上小书包……"这首流传广泛的经典儿歌叫《上学歌》，词作者是出生在骆驼桥的盛茹茵。

盛茹茵，又名韵娣，女，1918 年 4 月 30 日出生于宁波骆驼桥西盛村。1923 年，盛茹茵就读于骆驼钟毓小学，后就读于上海工部局女中、新华艺专、上海美专。毕业后，盛茹茵曾在上海金行小学、大光中学任教。1950 年，盛茹茵去北京，在北京市北师一附小任教。1962 年，调北京市西城区教育局任音体美教研员。"文化大革命"后，盛茹茵在北师大附属实验中学工作。1973 年因病提前退休。

盛茹茵在任音乐教师和教研员期间，历年都在北京市音乐教材编写组参与音乐教材编写工作，创作了多首脍炙人口的歌曲，在广大中小学生中流传至今，如《上学歌》《小绿苗》《向日葵》《今天我戴上红领巾》等。《上学歌》是由盛茹茵填词、段福培谱曲的一首歌曲，曲调简洁欢快，填词通俗易懂。当年的他们，或者已经成为工人、农民、医生、军人或者科学家，他们中的很多人也许并不了解贝多芬的交响曲，但他们一定会唱这首歌，因为那是童年的记忆。这首歌词后来还被评为"陪伴 80 后成长的十大经典儿歌之一"。

1999 年，中央电视台第三套节目曾播放了关于盛茹茵创作《上学歌》经历的专题片；2000 年，《现代教育报》曾用大量篇幅刊登了她的事迹；2000 年，中央电视台二套刘璐主持的《我与音乐》栏目，约她家三代音乐教师访谈，盛茹茵和她的身为高级音乐教师的女儿朱晓如及外孙女同时出现在屏幕上。

四、草婴的翻译人生

盛峻峰（1923—2015），笔名"草婴"，俄罗斯文学翻译家，以一人之力完成了《托尔斯泰小说全集》的翻译，享誉翻译界。盛峻峰出生于骆驼桥盛家，其时祖辈遗留下来的盛滋记官酱园由专门的经理打理，生意蒸蒸日上，家里的经济状况优越。父亲盛钟秀，字济舲，号崇兰，学的是西医，1919 年从上海的同济医学院毕业，之后开诊所行医，一年多后回老家，在宁波铁路医院当院长。母亲徐书卷是慈溪的大家闺秀。徐家出了个比张爱玲出道还早的浪漫派小说家徐訏（草婴的表哥），其小说《鬼恋》许多年后被宁波镇海人陈逸飞拍成了电影《人约黄昏》。

盛峻峰的父亲在宁波当医院院长，给孩提时代的盛峻峰营造了幽静闲适的生活氛围。那时，盛峻峰全家在宁波，和义渡头的日落，姚江岸边的嫩草……都给年幼的盛峻峰留下了深刻的印象，直到盛峻峰进入宁波和义渡旁的小学堂。1931年，"九·一八"事变一开始就直接影响了宁波，影响了盛峻峰父亲的工作，影响了幼小的盛峻峰的生活。一个9岁孩子的记忆深深烙下了岁月的印痕。据说当时的宁波举行了大规模的募捐活动，有人查阅了1931年10月21日宁波的《时事公报》，一篇报道的标题是《小学生盛俊峰独捐30金》。这是因为在父亲的鼓励下，小学生盛峻峰在学校为抗日救亡运动捐献了30块银圆，这在当时是一笔不小的数目，惊动了媒体，也给盛峻峰留下了深刻的记忆。

当年盛峻峰一家，家境殷实，也属甬城名流。当时他的父亲还在甬江女子中学的隔壁买了5亩左右的一块地，造了一幢花园洋房。这是一处漂亮的住宅，有一排用于出租的房子——这便是盛峻峰少年时的乐园。可惜乱世岂有久安，在宁波定居没有多长时间，抗日战争爆发，盛峻峰的父母亲就带着他们全家避难上海。离开宁波的时候，他的父亲把这处房地产无偿赠送给了甬江女子中学。甬江女子中学这所诞生于洋务运动时期的国内最早的女中，直到今天依然以宁波甬江职业高级中学的校名存世。

1937年冬日的一天，盛峻峰随家人从宁波避难到上海，那年他虚岁15岁，已经是一位沉稳而内秀的英俊少年。初到上海后的一个午后，这位胸怀大志、追求进步的少年郎无意中走进了北四川路底施高塔路（现为山阴路）11号的内山书店。这是一家开创于1917年的日商书店，主要经销日文书籍，最初经销日本觉醒社出版的基督教的书籍，后来扩大到南山堂等出版机构出版的医学书籍，也经销同仁堂出版的译成汉文的医学书籍。在这里，盛峻峰看到了正在售卖的《鲁迅全集》，并由此接触了俄罗斯文学。因此可以说，盛峻峰对俄罗斯文学的喜好，缘起于内山书店，更缘起于《鲁迅全集》。也可以说，盛峻峰一生致力于俄罗斯文学特别是对托尔斯泰作品的翻译，其最初缘起是鲁迅对果戈理等俄罗斯文学人物和作品的介绍。正是因为他对刚出版的《鲁迅全集》的研读，草婴才开始对俄罗斯文学产生了浓厚的兴趣。

读了鲁迅的翻译作品，盛峻峰决定学习俄语，以接触原汁原味的俄罗斯文学。1938年的一天，盛峻峰在报纸上看到了一个苏联家庭妇女教俄语的广告，于是就根据报上的地址找到了那户人家。在按了门铃之后，走出来一位中年苏联妇女，看到盛峻峰是一个小孩子，便用生硬的中国话问："小孩，你来干吗？"盛峻峰回答说："我要学俄文。"那苏联大妈说："1块银圆只能学1个钟头。"盛峻峰的父亲每个月给他5块银圆零花钱，因此他就说："我1个星期学1个钟头。"苏联妇女说，一个星期学一次太少了。草婴不好意思说自己没钱，只能坚持说："就一次，一次。"那妇女答应了。苏联大妈老师的教学也没有任何教材，她只是让盛峻峰到淮海路书店去买哈尔滨出版的俄语教科书《俄文津梁》。这位女老师其实只是位家庭妇女，也不知道该怎样上课，草婴每次去她家上课，她就根据那本教科书教他读："这是什么？这是杯子。"她念一句，他跟着念一句，连字母都没有教过。回家之后，草婴就把老师教他念的句子反复地读，读到滚瓜烂熟。就这样，盛峻峰学会了俄文。回忆那时学俄语的经历，盛峻峰感叹："当时没有一本俄汉词典，没有一本俄语语法书，学俄语确实很困难。"

这时，年轻的盛峻峰的命运里又出现了一位贵人。1941年，德国入侵苏联。当时，中共地下党在上海创办《时代》周刊，专门报道战地通信和特写，需要致力于此事的人，而这人必须懂得俄文。在新文字研究会的一次活动中，盛峻峰遇见了一位神秘人士，他就是《时代》周刊的实际负责人、中共地下党领导人姜椿芳。姜椿芳是江苏常州人，1928 年在哈尔滨专修俄文，并开始写诗、杂文和影评。1930 年，姜椿芳进光华通讯社担任翻译和编辑工作。1931 年，姜椿芳加入共产主义青年团，曾任共青团哈尔滨市委和满洲省委宣传部部长。1932 年，姜椿芳转为中共党员，曾任中共满洲省委宣传部干事，主持部务工作。1936 年，姜椿芳与金剑啸合编《大北画刊》，6 月间因刊载高尔基病重消息和高尔基头像，被日本占领者逮捕，画刊亦被封。7 月姜椿芳获释，转往上海，在苏联亚洲影片公司和上海大戏院担任苏联影片的翻译和宣传工作，并参加左翼文学和戏剧的活动。1937 年年底，姜椿芳参加了夏衍主编的《译报》工作。1938 年，姜椿芳担任上海党的戏剧支部书记，1939 年又任江苏省委文化总支部书记。1941 年 8 月，姜椿芳以苏商的名义建立时代出版社，创办《时代》杂志，出版苏联著名的文学作品，宣传反法西斯斗争和社会主义制度，产生了很大的影响。

正是因为姜椿芳精通俄文，加上他对盛峻峰努力学习俄文的了解和支持帮助，使盛峻峰才解决了一些俄语学习上的困难，并在俄文的学习上迅速地进步。从 1941 年苏德战争开始，到 1945 年 5 月德国投降，四年内，盛峻峰通过阅读和翻译，清楚地看到了法西斯主义的残酷和反法西斯斗争的伟大意义。他认识到，反法西斯战争是决定人类命运的一场搏斗。也就在这时期，"草婴"的笔名开始使用，也一直沿用。盛峻峰之所以为自己起笔名"草婴"，他认为，草是最普通的植物，遍地皆是，但是又顽强坚韧，"野火烧不尽，春风吹又生"。草婴自己说，他是一棵小草，想为世界增添一丝绿意。

1942 年，时代出版社又创办了《苏联文艺》杂志，草婴开始为《苏联文艺》翻译短篇小说。1945 年，苏德战争结束后，草婴正式加入时代出版社任编译，他也正式踏上了译著这条人生道路。1945 至 1951 年，草婴任时代出版社编译。1952 年后，草婴作为专业会员参加作家协会，专门从事文学翻译，为人民文学出版社、新文艺出版社、中国青年出版社、少年儿童出版社及上海文艺出版社翻译俄国和苏联文艺作品，主要有肖洛霍夫的小说《新垦地》第一部和第二部，《顿河故事》《一个人的遭遇》等，还译过尼古拉耶娃的小说《拖拉机站站长和总农艺师》。1960 年，草婴参加《辞海》编辑工作，任《辞海》编委兼外国文学学科主编。草婴是我国第一位翻译肖洛霍夫作品的翻译家，他还曾翻译过莱蒙托夫、卡塔耶夫等人的作品。在中国读者中产生最大社会反响的，是他以一人之力，从1978年至1998年，系统翻译了被称为"19世纪俄罗斯的良心"的列夫·托尔斯泰的全部小说作品，包括三部长篇、六十多部中短篇和自传体小说。这一壮举在全世界都是独一无二的。

草婴由于其突出的翻译成就，获得了许多荣誉：1987年获苏联文学最高奖——"高尔基文学奖"；1997年获中国作协颁发的"鲁迅文学翻译彩虹奖"；1999年获俄中友协颁发的"友谊奖章"和奖状；2002年被中国翻译工作者协会授予"中国资深翻译家"荣誉称号；2006年被授予"俄罗斯荣誉作家"称号，获颁"高尔基勋章"；2011年荣获"上海文艺家终身荣誉奖"。草婴曾任华东师范大学和厦门大学兼职教授、中国作家协会外国文学委员会委员、上海作家协会副主席兼外国文学组组长、国际笔会上海中心理事兼翻译委员会主任、上海翻译家协会会长、中国译协副会长、中国译协名誉理事等职。2006年被俄罗斯作家协会吸收为名誉会员。

在草婴的《我与俄罗斯文学》一书中，他非常鲜明地亮示他的译著风格是：文字流畅，既符合中国读者的阅读习惯，又不失原著的民族风格。值得一提的是，为了心爱的翻译事业，草婴曾为此历经坎坷。《静静的顿河》《一个人的遭遇》等受到批判。就是这样的人生遭际，草婴并未因此后悔过自己的翻译工作，"我对自己所做的事情、所走过的道路，都是无怨无悔的。因为我觉得在每一个历史阶段里，我做了我力所能及的、最应该做的工作，所以我不曾有过自怨自艾的情绪。我精神上始终没有垮，精神上还是比较健康的。"

1985 年，翻译了那么多俄罗斯文学和苏联文学作品的草婴第一次去苏联，带了自己的一大摞译本送给苏联作协。苏联人很惊讶：您怎么翻译了这么多作品！对此，草婴说："我也还没有年轻到可以慷慨地浪费青春年华的程度，也没有老到可以心安理得地等待死亡。""在阅读和翻译文艺作品中，我认识到托尔斯泰是伟大的人道主义者，他的一生就体现了人道主义精神，他的作品用感人至深的艺术手法培养人的博爱精神，反对形形色色的邪恶势力和思想。"

作家、资深出版人袁敏如此评价草婴的翻译作品："文学翻译者很多，而翻译家寥寥。看过草婴先生翻译的《复活》《战争与和平》《安娜·卡列尼娜》等著作，那是艺术再创造。他不是简单的直译，而是一个艺术家的再创造，文笔优美，对话尤其生动。"这的确是对草婴翻译作品的公允的评价。的确，文学翻译是艺术再创作，草婴把文学翻译当作艺术创作来对待，而不是逐字逐句地直译。作家和译者的关系就像作曲家和演奏家的关系，同一首曲子在不同的演奏家手下会有不同的演绎。虽然译作是艺术再创作，但草婴先生认为，再创作应该体现原著的精神和艺术内涵，而只有把翻译技术和艺术结合起来，这样的译者才是翻译家。"我无愧于几十年的翻译生涯，也无愧于读者。"草婴说。草婴先生在每次翻译前，都会先把原著阅读几遍甚至十几遍，把原著吃透后，就弄清了所有的人物关系，弄清了所有的情节起源，他还要把它做成卡片。比如，《战争与和平》中的人物就有 559 个，草婴给每个人做一张卡片，包括姓名、身份、性格特点，与其他人的关系等，都一一写在上面，连名字、地点等名词都列出来统一翻译，以免前后矛盾。每一个词、每一句话，他都要反复推敲多遍，直到满意为止。

在群星璀璨的俄罗斯文学中，草婴翻译最多、最喜欢的是托尔斯泰和肖洛霍夫的作品。他说："我为什么特别

看重肖洛霍夫和托尔斯泰呢？因为我感到，从他们的作品
中所反映出来的人道主义的思想、人性的光辉是最强烈的。
我感受到中国经历了 2000 多年的封建专制统治，特别需要
培养和唤醒人性的光辉。"这是草婴先生留下的一笔宝贵
的精神遗产。

五、献身科研

盛卓人（1928—），男，骆驼盛家人。为沈阳医科大
学附属第一医学院麻醉教研室主任、教授，曾任美国克利
夫兰医学中心客座教授。从事麻醉专业 46 年，擅长各种临
床麻醉及心、肺、脑复苏。盛卓人不断引进国外先进麻醉
药物及方法，特别能处理复杂病情、疑难手术的麻醉及为
手术期重危病人的监测治疗。近年又开展疼痛治疗及加强
术前病情评估，确保病人手术和麻醉的安全，编撰了诸多
麻醉专著及论文。曾任国务院学位委员会第三届学科评议
组成员，中华麻醉学会副主任委员、常委，辽宁麻醉学会
主任委员。

1931 年淞沪战役爆发，盛卓人随祖母逃难到上海英租
界。1937 年 8 月 13 日淞沪战役再次爆发，1941 年，日军
进入租界，使得盛卓人的整个小学和中学时期都没有能很

好地学习。1945 年日本投降后，他考入上海南洋模范中学继续求学。1946 年，盛卓人考入燕京大学理学院，第二年进入医预系。1949 年 2 月北平西郊先行解放，军管会动员燕京大学、清华大学等大学的学生参军，于是盛卓人和其他 9 位医预系同学参加了解放军，来到沈阳进入中国医科大学。1953 年，盛卓人毕业后留校任外科助教，后历任讲师、副教授、教授，1956 至 1958 年在北京阜外心血管病医院和北京协和医院研修。1983 年至 1984 年在美国克利夫兰临床中心任客座教授，并获得克利夫兰临床基金会授予的国际客座教授医学研究合作最高奖。

1979 年，中华医学会成立麻醉学会，盛卓人即任历届委员、常委、副主任委员及荣誉委员，兼任辽宁省麻醉学会历届主任委员、荣誉主任委员。1992 年，盛卓人兼任国务院学位委员会第三届学科评议组成员，同年 10 月开始享受国务院政府津贴。1974 年，盛卓人主编了《实用手术学麻醉分册》，1987 年主编的《实用临床麻醉学》第二版，获卫生部科技进步三等奖。他还主编专著 4 部、参编 7 部，发表论文上百篇。盛卓人教授从事临床麻醉和研究 47 年，亲手创建了中国医科大学第一临床学院麻醉科，组织和参与了很多国内外学术活动，举办麻醉继续教育学习班，为我国麻醉事业的发展培养了宝贵人才，做出了卓越的贡献。

盛立人（1937—2015），男，教授，骆驼镇西盛人，盛立人 1937 年 5 月出生，后随家人到上海。1959 年，盛立人毕业于南京大学数学天文系，同年来到重建不久的安徽大学数学系工作，1987 年破格晋升为教授，1989 年到 1995 年任安徽大学数学系主任。

盛立人身材魁梧，性格直爽，快人快语，没有一般人眼中的"上海人"形象。学校工会组织的一些体育比赛活动中经常能见到他。他代表数学系打篮球、乒乓球，基本功很扎实。随着年龄增长，身体欠佳，他从场上"退下来"，成为"教练"。每年一度的教工男子篮球赛，他几乎逢场必到，也不确定给哪个队做教练，但都很热心，也老道地给些实在的指导。从 20 世纪 80 年代起，盛老师从传统的数学领域延伸到管理领域，面向全校开设公选课——"管理谋略"，而且还出版了专著（教材）。

盛立人于 1987 年后任安徽省政协第六、七、八届委员，九三学社安徽省委委员，中国数学奥林匹克委员会高级教练员，合肥市数学学会理事长，英国及德国数学杂志 *Math Reviews* 及 *Zent tralblatt Math* 特约评论员。1982 年至 1984

年在法国斯特拉斯堡大学、西班牙巴塞罗那自治大学任访问学者、客籍研究员和教授。1992年起享受国务院特殊津贴。1993年至1994年在美国北亚利桑那大学及康奈尔大学任访问学者。长期从事数学教学研究工作，业余时间参与了全国数学竞赛工作，在第31届国际数学奥林匹克赛大会担任协调员。

盛立人长期从事高校教学科研工作，先后在国内外发表学术论文近60篇，出版专著及各类著作10余种，有关数学竞赛工作的论著约40种，其中《老百姓的数学》丛书已成为素质教育畅销书。盛立人的主要著作有《微分方程复域定性理论》《现代常微分方程理论》《高等数学（文科）》等，还有《同中学生谈博弈》《数学家走进管理学》《社会科学中的数学》《生活中的数学（管理必读）》等书籍。

六、艺术大家

盛姗姗，1957年出生于上海，是著名翻译家草婴的小女儿，与祖父母相依为命。父母怕盛姗姗耽误学习，便托画家朋友教她学画。先天的灵气加上后天的勤奋，在短短几年中，盛姗姗就将人物、花鸟画得惟妙惟肖。1979年，盛姗姗在上海戏剧学院美术进修系选修班毕业，后任上海

《萌芽》杂志美术编辑。1982年，盛姗姗赴美国留学，在蒙荷利·约克学院研习西方油画和西洋美术史，获全额奖学金，并以优异的成绩毕业，随后又考入麻省大学，获得美术硕士学位。盛姗姗在美国波士顿、纽约、芝加哥，荷兰阿姆斯特丹，中国香港、上海等地举办个人画展20多次，1989年被评为芝加哥亚洲艺术节首席艺术家，1990年荣膺芝加哥市一百位最优秀的职业妇女之一。盛姗姗曾任哈佛大学在校艺术家两年，如今住在美国旧金山。

1989年4月15日，一场罕见的大火将盛姗姗开画廊的那幢大楼烧得灰飞烟灭，大火烧了三天三夜，盛姗姗不吃不喝地坐在马路对面看了三天三夜，她在美国创作的30幅油画被付之一炬。她在越洋电话中告诉父母："我的画廊被烧了，但我不会趴下！"五天后，盛姗姗又在肯尼迪中心重新开出了自己的画廊。正因为她在大火中的坚强表现，芝加哥电视台为她拍摄了专题片《从废墟中飞起的凤凰》。

2009年6月6日下午，第53届威尼斯双年展在威尼斯大运河对岸的切勒托萨岛举行开幕式，来自世界各国的数百位艺术家及文化界知名人士到场祝贺，开幕式以"开放的长城"为主题举行了音乐会，整个开幕式精彩华丽，给人们留下了极为深刻的印象。

在本届开幕式上，美籍华人女艺术家盛姗姗以独立艺术家身份参与了第53届威尼斯双年展，盛姗姗带来的展品是一座巨型的水晶玻璃艺术品《开放的长城》，展品一亮相便受到了各界人士的瞩目，得到了专家们的一致好评和称赞。盛姗姗的《开放的长城》是一座巨型的玻璃装置艺术，长约22米，高约2米，厚约80厘米，由2200多块水晶玻璃砖组成，对应中国长城建筑的2200多年历史。这座"长城"晶莹剔透，一层层叠起，瞬间变幻出红色、黄色和金色的光芒。盛姗姗对长城做出了一种新的解释并赋予其新的概念，它在作为威尼斯历史古迹的大运河对岸展出。人们可以沿着威尼斯大运河沿岸步行和乘船去观赏，同时会联想起这座城市的文化发展和世界古代文明遗产这两方面的历史。盛姗姗的《开放的长城》装置艺术在捕捉了中国遗产的瞬间，用威尼斯穆拉诺岛的千年传统玻璃工艺，把这个历史的建筑物演绎为一座巨型的玻璃装置艺术。这件装置艺术品表现出当代中国的开放状态，并且体现了紧密结合关键的历史时刻的蓬勃生机。同时，《开放的长城》隐示当代中国在全球经济和空前的思想交流两方面的开放。盛姗姗的《开放的长城》把长城改建为用玻璃砖块叠起来的片段，象征着标志中国文化时而透明、时而不透明的重大交叉状态的时段。盛姗姗把玻璃砖作为一种文化流向，一再地运用于装置艺术的塑造过程中。

作为一位视觉艺术家，盛姗姗的作品经常着眼于增强欣赏者的体验，在历史和当代之间，创造出一种场景独特的典礼式艺术氛围。《开放的长城》作为一座精美绝伦的装置艺术，象征着文化意识的全球化巨变的进程。作品展示了盛姗姗对中国建筑文化的记忆和迷恋，以及对时代的感悟。她以其风格独特的抽象画及融中西文化为一体的玻璃吹制艺术，独步画坛，名重海内外。东方的深沉神秘，西方的热情张扬，被她很好地收于画中。

在全世界最高的十座高楼里，有三座高楼悬挂着盛姗姗的巨幅油画：上海的金茂大厦、香港的中环广场以及芝加哥的阿摩珂大厦，她的作品曾多次在国际艺术博览会和美国各地的博物馆、艺术中心展出，并被许多大学美术馆、重大建筑、著名企业与私人收藏。

盛姗姗的作品曾发表在世界各地的50多种报纸杂志上，盛姗姗本人也多次被电视台及电台采访，如中国中央电视台、芝加哥电视台等，都曾为她做过专题报道。上海电视台的《东方时空》栏目，播放了盛姗姗的纪录片。在电视中，她年轻、靓丽、豪迈，与大家印象中的上海女人完全不一样。她的抽象油画全是大尺幅，盛姗姗站在脚手架上挥毫作画。她既是画家又是油漆匠，她的抽象油画用色大胆，且不失整体感。整幅画色彩绚丽，气势磅礴恢宏。她画的《新千年的曙光》已被上海金茂大厦收藏。她将人类的激情注入大自然，既热爱英国浪漫主义诗人的作品，又以中国绘画传统为主导，这样的思想在其当代的作品中得到了新的体现。

第五章
红色血脉

　　镇海骆驼桥盛氏家族瓜瓞绵延，开枝散叶，后世人口众多。随着人口的不断迁移，盛氏子弟遍及全世界。他们各自在自己工作、生活的领域承其祖宗之余荫，为祖国、为社会做出了很大贡献。

第一节 红色商人

盛丕华（1882—1961），谱名沛华，字丕华，以字行，骆驼桥余三村（时属慈溪）人。盛丕华少时就读家塾，7岁丧父，母亲无力以柔弱的肩膀支撑起一个家庭并让孩子继续接受教育，只得送盛丕华去宁波的一个亲戚、知名商人费家，为其表兄伴读。清光绪二十一年（1895），13岁的盛丕华来到上海，在费家开设在上海小北门的宝成银楼做学徒，后升为助理司账。期间，盛丕华刻苦自学，博览文史书籍。由于他办事认真、诚实可靠，不久就被提升为南京路新宝成银楼做司账，继而到庆大祥洋布号任司账，后又到大丰洋布号任司账。1911年后，盛丕华负责清理湖州许家（许春荣）和镇海叶家（叶澄衷）合资开设的余大、瑞大、志大、承大四大钱庄。1914年，盛丕华任宁绍轮船公司监察人，对总经理虞洽卿以低价承购该公司甬兴轮，又以高额租给外商公司，坐获厚利提出诉讼，迫使虞洽卿归还该轮。十几年中，几次调换工作，使盛丕华对各行业务更为熟悉，尤其在金融经济方面培养了一定的才能，更为重要的是，他结识了上海滩不少的商界人物。

光绪二十四年（1898）戊戌变法，盛丕华受到了新思潮的影响，逐渐接受康有为、梁启超的改良主义思想，开始关心国家大事。三十三年（1907），江浙两省各界人士为反对英帝国主义从清朝统治者手中攫取我国的沪杭甬铁路权，掀起了反对收归国有、保障路权的群众运动。次年，盛丕华和一批同乡组织浙江旅沪学会，并向英帝国殖民主义者和清朝统治者抗争。当时，上海总商会为官僚所掌控，外商从中渔利很多，商民很不满意。为了表达国家民族利益受到损害的愤懑之情和正义感，1910年，盛丕华和一些年轻的商界人士发起组织了"商业研究会"，以与上海总商会对抗。"商业研究会"为维护民族资本的正当利益，积极抵制帝国主义在华特权，为国家和社会挽回了巨大损失。盛丕华还在《时报》撰文，抨击清政府处理"橡皮风潮"中的卖国行径。在与清政府官僚和外国殖民者的抗争中，盛丕华初步树立了民族、民主的思想，感受到了政府清明、国家强大的重要性。因此，盛丕华对孙中山提出的"三民主义"表示赞赏。辛亥革命后，孙中山为募集军费，拟在上海开办交易所。盛丕华上书孙中山，并受到了孙中山的接见。

1920年7月1日，盛丕华首次与同乡虞洽卿等人创建上海证券物品交易所，而实际上该交易所是孙中山为筹集革命经费而建。可见，盛丕华在当时已经利用自己的身份，在为国家的存亡贡献力量。同年8月，盛丕华当选为上海总商会会董，一跃成为上海工商界有地位的上层人物。此后，盛丕华又吸收了一批所谓"新学之士"的新进人物入会，上海总商会也真正向"革命"前进了一大步。

在上海证券物品交易所，盛丕华出任常务理事，并被推为主管会计。此后，他又历任上海总商会会董、上元企业公司经理，在上海、武汉等地经营证券物品交易和房地产业。与此同时，他也参与买空卖空的投机活动。1921年，盛丕华等以25万元资本在上海创办"民通银行"；1924年，由于投机失败，负债累累，盛丕华被迫避走武汉。到武汉后，盛丕华任汉口中国银行行长洪苓西的秘书。后来他又转入洪苓西的开明公司任职，经营花纱布、丝麻的贸易，获利颇丰。此外，他还投资五埠地产公司，经营房地产买卖。

1925 年，盛丕华在汉口任江海银行检察人；1930 年，东山再起的盛丕华回到上海，重返交易所任常务董事。此时他还与他人共同投资中一银行，被选为董事。1931 年，盛丕华任东南信托公司董事、中易信托公司董事，兼任中一银行董事。1932 年盛丕华又任恒盛煤行董事长。

盛丕华不仅仅是商人、上海商界领袖，更是一个爱国者。1931 年"九·一八"事变前夕，当时的民族危机日益深重，民生凋敝，国家处于风雨飘摇之中。富有爱国主义思想和正义感的盛丕华，一方面为当局的腐败无能而痛心疾首，另一方面为事业"无成"而惭愧。"国家兴亡、匹夫有责"，要为挽救国家前途、改造社会贡献力量的思想在他的心里坚定起来了，盛丕华积极投入到爱国抗日运动中。1934 年，盛丕华与在上海的李孤帆、俞寰澄等工商、知识界有志之士一起组织了"中产阶级"的团体，取名"中社"。中社有专门的会所，经常组织学术讲座、旅游、参观以及公益等各项活动，并出版社刊《新社会》半月刊。《新社会》半月刊和中社的讲座，都以反对日本帝国主义侵略、抨击政府的抗战政策为主要内容，中社的性质发生了巨大转变。当时的著名民主人士马寅初、章乃器、巴金、胡适之等都在该刊发表文章。该刊从 1935 年第八卷第三期起，通过盛丕华的关系，由盛丕华之子盛康年接手，承担编辑发刊全责，把该刊原来标举的"改造旧社会，创造新社会"的使命，更为明白积极地推向宣传抗日救亡，号召"为着光明的新社会，快把斗争来展开"。盛丕华的民主思想进一步明确和树立起来。

这时，盛丕华和中共的接触也渐渐紧密起来。早年，其子盛康年就与中共地下党组织接触，抗日战争爆发后，一直在上海为抗日救亡工作奔走；抗战初期，他赴武汉，在青年救亡协会工作，并为报刊撰文宣传抗战，他的活动受到了其父盛丕华的影响。1937 年抗战爆发，国共两党再次合作。盛丕华积极动员家眷将金银饰物捐献国家，支援抗战。此一时期，他同谢绳祖合作，从德籍犹太人手中盘进开美科制药厂经营生产药片、针剂，稍后因受日商干涉，只得经营房地产。不久，上海陷落，新亚饭店原职工生活发生困难，张澹如（张静江之弟）出资要盛丕华筹设红棉酒家，以安置这些职工。盛丕华精心策划，在上海延安东路西藏路口的宁商总会会所内开设了红棉酒家，于 1939 年 10 月开张，并出任董事长。该店既是饭店，也是甬商总会巨头进行星期聚餐的场所。后来一些进步民主人士也参与进来，政治气氛渐趋浓厚。

抗战胜利后，一直憧憬着国家富强民主、社会进步繁荣的盛丕华在上海带头参加民主建国会，展开了他生活中的新的一页。盛丕华利用红棉酒家为场所，做好相关工作。后来，红棉酒家的场地日见扩充，活动内容也日益转向民主进步方面。此时，盛丕华还将红棉酒家改为"红楼"，专供民主进步人士活动之用，并经常邀请进步学者如马叙伦、金学成、孙晓村等人来演讲，讲析政治时事信息，议论民主和平问题。

1946 年 6 月，内战形势更为严峻，民族经济危殆。这时，在中共上海地下党组织的支持下，民主促进会、民主建国会等人民团体联合会，推派盛丕华、马叙伦等 10 人组成"和平请愿团"，于 6 月 23 日赴南京向国民党当局请愿，呼吁和平，反对内战。不料当天下午 7 时，当请愿团到达南京下关车站时，遭到了伪装成难民的国民党特务的围困、殴辱，马叙伦等代表被打伤。通过下关惨案，盛丕华对中国共产党有了进一步的认识和信任。他亲眼看到就在惨案发生的当夜，中共多位领导同志亲到医院慰问。

第二天晚上，共产党的一位领导人在梅园新村设宴招待请愿团全体代表，还为代表们做报告，分析形势，阐明中共方针，揭示新中国光明前途，指出民主人士前进方向。

盛丕华受到了莫大鼓舞。1948 年，中国共产党在纪念"五一"劳动节之际，发出在解放区召开新政协，成立民主联合政府的号召。盛丕华在上海参加民建会议，一致响应共产党的号召，坚决抛弃中间立场，站到了中国共产党一边，同意接受中国共产党的领导。中华人民共和国成立前夕，民建成员处于白色恐怖之下，在中共地下党的安排下，盛丕华、黄炎培等人于 1949 年 3 月来到了向往已久的解放区。3 月 25 日他们又来到北平，受到了中共领导人的热烈欢迎，并且勉励他们为解放上海效力。

当时盛丕华就提议，要借鉴人民解放军解放天津在住宿问题上的经验和教训，建议解放军进驻上海时不住民房。中共听取了此建议。1949 年 5 月 27 日，当人民解放军解放上海时，上海人民永远不会忘记这样的一个画面——解放军不住民房，全体在马路上露宿。这个决策使上海这座国际性大城市完好无损地回到了人民手中。

1949 年 6 月，盛丕华回到上海。回沪后，盛丕华即着手筹备上海市工商业联合会，直至 1951 年成立。盛丕华从 1949 年 8 月起直到 1961 年，主持上海市工商联工作 10 余年。1950 年，经过选举，盛丕华当选为新中国上海市第一任副市长之一。

1949年9月，中国人民政治协商会议第一届全体会议召开，盛丕华携夫人欣然去北京参加会议。会议期间，盛丕华被推为大会主席团成员。10月1日，盛丕华登上天安门城楼观礼，迎接了中华人民共和国的成立。镇海人参加开国大典、登上天安门城楼观礼的，还有包达三、黄延芳、林汉达、刘良模和盛丕华的儿子盛康年。

在上海期间，盛丕华在党的领导下，把自己的全部精力投入到恢复国民经济和建设新中国的事业中去。他积极联系和组织民建会员、工商界人士发展生产，恢复经济。为了响应抗美援朝号召，他组织上海工商界一举捐献了270架飞机。1956年，盛丕华带头提交公私合营申请书，这是一件震动海内外的具有重大意义的事情，为实现社会主义改造迈出了重要一步。在他的带动下，许多民族工商界人士纷纷接受民族资产社会主义改造。1961年2月8日，盛丕华因患胃癌医治无效，病逝于上海华东医院，享年79岁。

盛康年（1914—1965），又名仲悟，肄业于震旦大学，盛丕华之子。在父亲的影响下，盛康年很早就参加了民主独立运动。他从青年时期起就广交朋友，在上海接触了许多左翼文人、艺术家、中共党员。"九·一八"事变后，他激于民族义愤，积极探寻救国之路。1933年，他任《新社会》

半月刊杂志主编，把原来只谈风花雪月的杂志，改进为评论时政、宣传抗日的进步刊物，并影响到外省，甚至北平等地，使这本杂志在中层知识分子中深受欢迎。因追求进步，多有议论时政、抨击政府的言论，这本杂志后遭国民党政府查封。1934年，盛康年参与了由宋庆龄、何香凝、马相伯等发起组织的中国民族武装自卫委员会。委员会成立后，盛康年还到青年学生中发展"武卫会"组织，投入到学生界、文化界、职业界的抗日救亡活动之中。盛康年虽然出身富家子弟，在当时的上海滩上被称为"小开"（上海话，类似于"富二代"）一类的人物，但在开展民族解放、民主救国的行动中是比较踏实、实干的，充分体现了他的爱国热情。

1939年，盛康年在其父亲盛丕华任红棉酒家董事长期间，协同组织"星期聚餐会"，吸收爱国民主人士参加，使聚餐会逐渐成为议论时局的宴会。民国三十五年（1946）初，他加入民主建国会，与父亲一起把红棉酒家三楼改为"红楼"，专供爱国民主人士活动之用。在与民主人士的接触中，盛康年更加坚定了自己的理想，对新中国更加向往。

1948年，中共中央发出"五一"号召，盛康年身负重任，从白色恐怖的上海去香港，传递消息，汇报情况，与潘汉年、章汉夫、许涤新等中共负责人取得了联系。1949年5月，上海解放，盛丕华、盛康年随军南下，在上海市副市长潘汉年的支持帮助下，盛康年组织了"七一"学习会，以聚餐、讲座等方式广泛联络上海工商界上层人士，向他们宣传党的工商政策。那时的盛康年到上海后，便换下中山装穿上日常的西装，开始找荣毅仁、经叔平等做工作了。胡实声说："上海的工商界也并不是很好接近的，太左的'土八路'可能完全跟他们谈不拢，所以盛氏父子这样的民主人士最适合，他们本身就在工商界有影响。"盛家的开美科药厂总经理是谢曙，他与荣毅仁、经叔平等是圣约翰大学的同学，彼此非常熟悉，盛康年便通过谢曙认识了荣毅仁等人。他们由于年纪相当，又都是上海人所说的"小开"，因此很容易谈得来。盛康年就这样介绍了荣毅仁、郭棣活、刘靖基等著名工商界代表性人士与中共上海市委领导人陈毅、潘汉年等会见，加强了中共与工商业者之间的联系，也很好地反映了工商界的情况和意见。

1949年9月，盛康年作为民建会的代表出席了中国人民政治协商会议第一届全体会议。10月1日，盛康年登上天安门城楼观礼，迎接中华人民共和国成立。1953年，盛康年担任中国民主建国会上海市分会秘书长，在宣传贯彻

《中国人民政治协商会议共同纲领》、推动私营工商业实行社会主义改造等方面起到了积极作用。中华人民共和国成立后，盛康年历任政务院参事，上海市政协副秘书长，上海市第二商业局副局长，民建中央第一、二届委员，民建上海市委第一、二、三届常委，是第二届全国政协委员，第一、二、三届上海市各界人民代表会议协商委员会委员，第一、二届上海市人大代表，第二、三、四届上海市政协常委。1965 年 10 月，盛康年因病去世，年仅 51 岁。

第二节　革命英烈

　　盛杏英，1923年出生于骆驼桥盛家堰头大屋，曾化名柳英。父亲盛阿位，中华人民共和国成立前曾在骆驼街上开过贳器店。她童年时，在翁氏钟毓学校接受启蒙教育。

　　根据比盛杏英小两岁的骆驼桥"三老"人员张培玉回忆："那时我家在钟毓学校（翁家祠堂）旁的张家弄，与盛杏英同住在骆驼桥一条街上，由于一同读书、一起做游戏，因此彼此之间比较了解，她的音容笑貌、行为举止在我脑海中时时浮现；她丽质、聪颖、白皙的脸庞上露着深深的酒窝，眉目清秀，两眼炯炯有神；她性格开朗、直爽、乐于助人。在骆驼桥翁家祠堂（钟毓学校）读书时，平时看到有些霸道的大同学欺侮小同学时，她都敢于站出来帮助、说公道话。她学习勤奋，成绩好，对班上的公益活动也很热心。在老师眼里，她是一个很懂事、很能干的女孩子。"

在盛杏英十三四岁时，母亲、父亲先后离开人世，只剩下他们兄妹三人相依为命。她排行第二，上有哥哥，下有一个比她小六岁的妹妹。由于父母双亡，原先经济就不怎么宽裕的家庭，顿时显得格外贫困潦倒。因为经济困难，她没有读完高小就辍学了。清贫的家境和生活的磨难，培养了她坚强的性格和吃苦耐劳的精神，更培养了她同情劳苦人民的朴实的阶级感情。（张培玉很早就听说盛杏英的哥哥参加了地下党，也听说了她在十六虚岁那年跟着哥哥找地下党去了。）

1938年秋，中共地下党员、西径堂启敏小学教师吕名锵以慈东战时服务队名义，常来骆驼桥一带进行抗日宣传。盛杏英在吕名锵的影响帮助下，开始阅读进步书籍，并积极参加了抗日救国活动。

1939年10月和1940年4月，在中共地下党的授意下，盛杏英两次参加了国民党慈溪县国民兵团举办的妇女训练班。在妇训班里，她立场坚定、爱憎分明，抗日热情高，和中共地下党员孙翠英、沈一飞等学员志同道合，经常抨击国民党反动派、顽固派制造分裂、破坏抗日的行径，并抵制国民党县党部为扩大顽固势力，在学员中发展国民党员的活动。

1940年5月，妇训班结束后，年仅18岁的盛杏英受组织派遣担任骆驼桥妇联队队长。她以这个身份组织动员有觉悟的妇女姐妹，宣传抗日救国，揭露日寇暴行，教周围群众唱抗日歌曲，积极配合三五支队、抗日地方武装做好战地服务工作。

1941年4月19日，日军在镇海第二次登陆，慈镇地区和宁波相继沦陷。为开展敌后抗日武装斗争，中共慈东地下党组织遵照上级指示，通过统战关系，筹建了慈东抗日游击队，对外称庄桥区战时工作大队。吕名锵、柳苣瞬等地下党员，在这支部队里分别担任了大队副、中队长、参谋等职。盛杏英抗日报国心切，毅然参加了这支游击队，并介绍堂妹盛杏芬一道参加。在部队里，她工作积极，大胆泼辣，和孙翠英等几位女队员一起，向驻地群众宣传抗日救亡，给贫苦人民治病送药，动员民众参与抗日活动，受到了群众和部队的赞扬。

1942年春，盛杏英加入了中国共产党，由组织调配她到五支队四大队总务处，先后在下属的三北（镇海、慈溪、余姚三地的北部）龙头场、洞桥虞家分理处工作。她以高度的革命责任感，认真负责征收税款、收集情报、联络通讯等工作，出色地完成了党交给的各项任务。那时候人员紧，一个人往往要兼做多种工作。组织上要她兼任分办会计，她克服文化水平低又不懂会计业务的困难，虚心向行业老师学习，很快掌握了会计技术。这年8月，她参加了由三北总办事处举办的民运工作训练班，结束后被编入民运工作队，活动在海甸戎家一带。晚上深入群众，宣传中共的抗日主张；白天到税卡流动站检查往来船只、进出物资，按政策规定征收税金，为我党、政、军部门筹集抗日经费而努力工作。

同年10月，日本侵略军对我三北地区进行"大扫荡"，伪军姚华康部与日军狼狈为奸，四处骚扰，逮捕我方工作人员。11月，盛杏英在工作时不幸被扣，拘禁在姚华康部驻地蟹浦镇。四个月非人的牢房生活，使她的身上生满了白虱，头皮被咬成疙瘩，头发大量脱落。她经受住敌人的种种折磨，始终严守党的秘密，没有暴露党员身份。后来经组织营救出来，她回到办事处，战友们无不悲喜交集，当即替她做好卫生护理工作，大家都称赞她在敌人面前坚贞不屈的革命意志。

革命斗争的实践，把盛杏英锻炼得更加勇敢机智。当时三北地区日、伪、顽、我多角斗争的环境十分复杂。

1943 年 4 月，为开展反"清乡"斗争，组织上决定把一批搞民运工作的女干部转移到海边去。有一天，盛杏英带着佟志松等人走到东山头，不意又碰上了当时国民党挺进五纵队张俊升部，她们被阻拦、盘问。在这紧急关头，盛杏英急中生智，从容不迫，严肃认真地对哨兵说："我们是三五支队，是特地来向你们通报重要情况的，前面有东洋人（指日军）。"张部对他们前来通报敌情，十分感激，并派一个副官招待她们。盛杏英意识到在张部不宜久留，便夸大声势说："我们大部队在那边等着，我们马上得走。"就这样，大大方方地通过了张部驻地，安全到达了目的地。

为了开展对日伪反"扫荡"活动，巩固抗日游击根据地，1943 年夏，盛杏英和队友方志奋、方克、张仁英、蒋云、蒋华、蒋杰、佟志松、王月秀、竺莲芬等，在区委罗澄宇、陈明华等同志的领导下，发动群众，进行反清乡、反抢粮斗争，进行二五减租宣传教育。那时每人负责一个乡镇，盛杏英负责的沈师桥镇靠近敌伪据点，那些地主、劣绅常造谣威胁群众说："听三五支队的话是要杀头的""二五减租是违反列祖列宗规矩的"等，佃农听了他们的谣言顾虑重重。这年正逢大旱，地主要的租金重，家中老人、小孩多的佃户生活十分困难。那时，盛杏英紧紧依靠贫雇农中的骨干分子，挨村串户深入佃农家，宣传二五减租政策，破除谣言，打消群众顾虑。在会上，她对大家说："我们三五支队是与你们一起抗日、减租的，你们不要怕，你们越怕，地主越要欺侮你们，只有我们组织起来就有力量可以与地主豪绅说理斗争，就一定能够达到二五减租的目的。"这时有些贫苦农民就大声吼叫起来："有三五支队领导为我们撑腰，我们天塌下来也不怕。"见群情激昂，她带动一批骨干力量趁热打铁，成立了自卫队，而后又组织了农民协会和妇女会。这年夏、秋之交，沈师桥镇农协在慈北最早与地主豪绅开展有理、有利、有节的斗争，在盛杏英领导下，取得了二五减租的胜利。

1943年11月，骆驼桥商会成立，第一个行动就是组织商人抗捐。盛杏英得知这一消息后，在百忙中来到骆驼桥，多次给商会的这一活动予以指导和鼓励。她对商会里的人说："人心齐、泰山移，只要大家不怕挫折，坚持到底，就一定能取得抗捐斗争的最后胜利。"同时，她还教给大家如何利用、分化敌人内部的一些斗争策略。在她和商会会长陈厚生（盛滋记酿酒园经理）、副会长张培玉等人的共同谋划下，一方面请城东区税务所两位资深的领导来骆驼桥"天叙堂"喝酒，旨在联络感情，让他们站出来为商会说话；另一方面拉拢城东区周围17个乡镇商会组织，选派代表骨干200余人到县税务局门前请愿，骆驼桥商会5位领导还去市府上访，要求减免商业所利得税。由于这次活动声势大，目标明确，加上斗争策略上"软硬兼施"，最后迫使县税务局同意减免25%的商业所得税。这次抗捐斗争不仅使许多小商贩尝到了甜头，而且更坚信商会组织是为他们小商民说话的，所以年底参加商会的人越来越多，商会的号召力也越来越强。

那年头，慈北日伪据点林立，明岗暗哨密集。日伪军除经常下乡扫荡、抢粮、杀人放火外，还经常派出便衣"别动队"搜捕中共民运、税收等工作人员，破坏中共地方联络站、办事处。因而，盛杏英来骆驼桥老家常常早出晚归，有时利用恶劣的气候环境开展活动。尽管如此，她在周围活动的影响还是比较大的，很引人注目。有一次晚上，正好碰上顽匪姚华康部来骆驼桥做"良民证"，敌人到处打听，问盛杏英在吗？要抓她人，商会张培玉、童志荣、陈伟康等人得知后，急速通知她，叫她马上逃走。

1944年，盛杏英在慈北做民运工作期间，因负担着小妹的生活费用，经济十分困难。后来，组织上让她在东安小学教书，有点薪谷收入，以补助生活。同时，组织上也考虑到了东安小学常有"和平军"的军官出入，以教师为掩护做策反伪军工作比较方便，还可以为抗日部队传递情报。由于这些"和平军"的军官反共立场十分顽固，盛杏英策反工作难以取得进展，但她还是通过与"和平军"军官交往中得到了不少有价值的情报。她常去我军驻地传送信息，接受任务，时间长了，被国民党观海卫区署所发现。

1945年夏，盛杏英被迫离开学校。为了全身心投入工作，她托人将自己小妹送往上海的亲戚家里。同年7月，她由组织安排，去四明山根据地参加整风学习，后又转入鲁迅学院学习。学习刚一个月，抗战就胜利了，她们这些学员便跟随"三五"支队司令部准备从日本军队手中接收宁波，后因形势变化，上级要求她们立即开展征粮工作。事后大家才知道这是为部队北撤筹集军粮。

1945年9月，新四军浙东游击纵队奉命北撤，组织决定盛杏英留下，暂时分散隐蔽。部队北撤后，国民党当局就大肆抓捕共产党员，迫害革命群众。她随即四处辗转，在得不到与组织的联系的情况下，只身来到上海姑妈家住下。

到上海不久，盛杏英在马路上与队友张仁英同志不期而遇，两人如同见到了久别的亲人，激动的心情难以言表。

此后，她们又与浙东撤出来的郑侠虎、宓文海等领导及鲁迅学院同期学员汪伊凡、金汝昌，还有王泰栋等同志先后在上海重逢。这些革命同志在郑侠虎的领导下，组织起来并给自己在上海的地下活动起名为"伟流"，意为伟大流动的队伍。在这个队伍里，盛杏英和张仁英结下了深厚的友谊。

1946年年初，盛杏英来到张仁英（又名张波）的住处，她见张仁英衣服单薄，睡觉连棉被都没有时，马上将姑妈刚买给她的新衣服和棉被送给张仁英，而自己却和姑妈合盖一床被子。张仁英经济困难，盛杏英每次买衣物时，都要买一件给她。为有利于在上海开展地下活动和维持生计，盛杏英与张仁英经朋友介绍到处外出打工，她们先后在洋行拣皮毛，去香烟厂撕烟叶，到茶庄拣茶叶。当时，宁波的国民党当局还经常到上海来搜捕她们。为了保护自己，盛杏英改名为"柳英"，张仁英也用起了"胡觉行"的名字。在香烟厂做工时，有一天国民党特务突然来搜查，因没有照片，特务们就大声呼喊她俩的原名，借此观察她们的反应。由于她俩的沉着和镇静，特务们的企图没能得逞。特务一离开，烟厂的账房先生（介绍她们进厂的朋友）马上找到她们说，特务极有可能还会来搜查，请你们立即离开。

果然，当天那些便衣特务又卷土重来，好在她们都已离开了。那时，盛杏英她们既要摆脱国民党的搜捕，又要靠打工养活自己，生活十分艰难，但她们心里却充满希望，人民解放军在战场上一个个胜利的消息也不断给她们以极大的鼓舞。

在上海的艰难岁月中，盛杏英始终保持高昂的革命热情和勤奋好学的精神，她常常感到自己文化水平低，不能适应革命工作的需要。后来，她通过鲁迅学院同学金汝昌的介绍，认识了在《新民晚报》工作的金近先生。金近先生是著名的儿童文学作家，长期同情和支持中国共产党，反对国民党独裁统治，他还经常资助地下党，常给革命同志介绍工作。在金近先生的帮助下，盛杏英借阅了《西行漫记》《铁流》《士敏土》《八月的乡村》等进步书籍，还读了鲁迅、茅盾、巴金、丁玲等许多进步作家的著作，写了不少习作。金近先生拿了一篇她的习作在自己编的报纸副刊上发表。

盛杏英是一位善于独立思考的人。1946年，沈雁冰（茅盾）先生从苏联考察回来到"四明公所"进行演讲。沈雁冰介绍了苏联的各方面情况并大加赞赏。在沈雁冰先生回答听众提问时，盛杏英写了一张纸条，请沈雁冰先生介绍一下苏联监狱的情况。沈先生笑笑，因为没有去过苏联的监狱，所以无法回答，但他却以异常敬佩的目光，凝视着这位为民族的自由解放，具有爱憎分明、有个性的女性。

期间，家住上海山西北路的姑妈、姑父，看到盛杏英已是谈婚论嫁的年龄，就想为她物色对象。那时，正好有一位马来西亚的青年华侨想到国内找对象，盛杏英的姑父就介绍给了她。考虑到姑父的一片热心，盛杏英同意与那位青年华侨在外滩公园见了一面。那天，她要张仁英、王泰栋同去，并在公园不远处等她。与那位男青年分手后，她对张仁英、王泰栋说："自己参加了革命，怎么能和国外的人谈朋友呢？"那位马来西亚青年华侨人品还不错，薄有资财，而且叫她去做老板娘，但她总感觉他缺少点什么。更何况一旦去了异国他乡，她总感到那样她就离开了自己的祖国，离开了组织。她对张仁英、王泰栋说："我还是组织的人，怎么能自说自话离开呢？不管怎么样，我也不能离开组织去做太太，我的心、我的感情是和组织在一起的。"事后，她婉言拒绝了那位青年华侨谈恋爱的要求。后来金近先生的弟弟金汝良经常来参加上海地下党的组织活动，盛杏英与他相识后共同语言较多，彼此情投意合，不久她和金汝良相恋。

为了摆脱姑妈、姑父对她参与革命活动的阻挠，后来她离开了姑妈家，来到天童路和张仁英同住在一个亭子间里。她们经常参加郑侠虎秘密组织的"伟流学习会"，在那里除了学习进步书刊外，还讨论时事形势，从而进一步鼓舞信心，坚定革命意志。在工厂里，盛杏英有意识地团结了不少小姐妹，鼓励她们参加社会进步活动。在与这些青年参加活动的过程中，她常高声朗诵："冬天到了，春天还会远吗？"充满希望和憧憬的声音，激励着青年们前进。

是的，春天还会远吗？她非常想念组织，想念战友，但是四明山革命根据地没有信息。难道火种熄灭了？在彷徨中，她好几次同身边战友王泰栋等说起：她想到山东解放区去，到延安去。

1947年春，三北慈镇地区重建革命武装，暂时隐蔽在上海的郑侠虎、宓文海等先后回来参加斗争。他们在将要离开上海时，曾告诉过张波（张仁英）、盛杏英等人，今后三北局面有好转时，一定会写信来，并要转告在上海的有关同志，希望大家回来打游击，重建革命根据地。

同年5月，上海进步刊物《联合晚报》和"文萃社"被国民党当局查封，一批进步的青年学生面临迫害。社内一些有志青年义愤填膺，纷纷提出要奔赴革命根据地，其中有认识张波、盛杏英的，就同她俩讲了上述要求。当盛杏英获悉组织上决定叫张波带这些革命青年去三北找地下党组织，上四明山革命根据地时，她既为组织上的果断决策而感到高兴，也为情同手足的战友张波去完成这一艰巨任务而感到十分担忧。为了战友的安全，她敢于牺牲自己，她对张波说："你在三北面孔太熟，带他们去很危险，上次郑侠虎同志来信说宁波的报纸刊登过通缉郑侠虎和你的布告，还分别悬赏 2500 元和 2000 元？这一次，还是由我带他们去吧，我在三北乡下，身份没有暴露，可以用讨租谷的名义回去！"在说服张波后，她又主动向组织请缨，并表示：万一被敌人抓住，她准备牺牲。此时与盛杏英相恋的金汝良等亲朋好友得知她要回宁波后，也多次劝她，叫她暂时不要去宁波。盛杏英婉言谢绝了众人的劝说，她明知局势险恶，在没能与三北地下党取得联系的情况下，毅然带领肖容等 6 位报社爱国青年从上海来四明山根据地找地下党组织。

为了确保青年学生的安全，面对艰难险恶的形势，盛杏英做了周密的准备。一到宁波，她先将肖容等几人带到一家旅馆安顿好，然后自己只身前往三北探路。临走时，她反复叮嘱肖容等人，如果三天后她没有回来，就有可能出事了，他们6人一定要立即返回上海，以免意外。

1947年7月，白色恐怖笼罩四明山大地，那时盛杏英并不清楚，我们部队昼伏夜击，一天换一个驻地，如果没有事先约定，一般是找不到部队的。即使到了联络点，情况紧急时，十天半月也不一定能联系得上。盛杏英这次来宁波的时候，正好我们部队在镇海中官路和留车桥一带连连被围，敌人从慈北和镇北调动大批部队，层层包围我驻地，严密封锁。可以想见盛杏英此时去慈北将是凶多吉少。7月10日（农历五月二十二日），盛杏英从宁波出发去三北。

盛杏英独自回到三北龙头场，乘航船到洞桥虞家，不幸被国民党慈溪刑警队北区行动组组长虞云龙看到，这个以捕杀共产党人为专门职业的家伙原来就认识盛杏英。待盛杏英走过后，他当即去驻地附近道士宫的伪保警队告密。敌人立即派出三名警察持枪追赶，盛杏英在淹浦福田庵附近被捕，落入敌手。肖容等上海爱国青年三天后不见盛杏英回来，只好返回上海。

盛杏英在被关押期间，敌人诱其投降及使用种种酷刑都无法使其屈服，于1947年8月8日被杀害于慈城大宝山，年仅 24 岁。

盛钟秀（1925—1943），因革命工作需要，化名高峰，后为常用名。盛钟秀，男，1925 年 7 月 31 日出生于清贫的职员家庭，浙江镇海骆驼桥盛家人。高峰是一名年轻优秀的中国共产党党员。1943 年牺牲于江苏启东，时为东南警卫团战士。

高峰 4 岁时，因父亲患病去世，家中难以维持生计，两个哥哥先后去上海当学徒谋生，母亲带着他和妹妹，依靠亲友的救济和典卖衣物等苦度光阴。高峰的母亲经常教育子女要有志气，长大后做一个对社会有益的人，这给高峰幼小的心灵留下了深刻的印象。

1933 年，高峰 8 岁，母亲靠借贷凑齐了学费，将他送进学校。稍长，他即对进步书刊发生兴趣，在家中常给妹妹讲辛亥革命，讲黄花岗七十二烈士的故事。

1938 年春，迫于生计，高峰辍学到上海泰兴药材行当学徒。1940 年冬，药材行倒闭，资方代理人为逃脱责任，纵火焚烧店房，高峰仓促间纵身跳楼，才免于一死，而衣物尽被烧毁，接着又被解雇。高峰经历了失业的痛苦，又到乾丰药材行当学徒。几年的学徒生活，高峰备尝了人世间的艰辛。后来，他受到了党的秘密工作者吴铭的教育帮助，懂得了不少革命的道理。

1940 年 11 月初，新四军东进"通如海启"地区。为了孤立顽固势力，发展进步势力，争取中间势力，打败日本侵略者，新四军随即按照"三三制"原则建立了南通、如皋、海门、启东四县抗日民主政府。在政权机构和民意机关的人员名额分配上，代表工人阶级和贫农的共产党、代表和联系广大小资产阶级的非党左派进步分子、代表中等资产阶级和开明绅士的中间分子各占三分之一。

为了响应党的号召，拯救民族危亡，高峰毅然决定跟随吴铭到苏北投奔新四军。1941 年 1 月中旬，高峰随吴铭化装成跑单帮的，巧妙地应付了日伪岗哨的盘查，经海门到达新四军三纵驻地——当时属于如皋县的掘港镇，受到了有关方面亲切、热情的接待，高峰生平第一次感受到了革命大家庭的温暖。

高峰到抗日民主根据地后，被分配在苏北文化服务社工作。1941 年 3 月，根据地成立苏中第四行政区专员公署。在日伪频繁的"扫荡""清剿"中，他和服务社的同志一起，把革命书刊捆扎在羊角车上与敌人周旋，风餐露宿，向抗日干部、战士提供精神食粮，传播革命理论。高峰刚到苏北时，人地生疏，言语不通，但他虚心好学，吃苦耐劳，与群众打成一片，很快赢得同志们和领导的赞誉。

1941年7月，年仅16岁的高峰就加入了中国共产党。当时的党支部由苏北文化服务社、《东南晨报》等单位的党员组成，党支部书记就是吴铭。

没过多久，高峰任如皋县县委书记陈国权的警卫员。9月，陈国权调任海启县委书记，高峰亦随之到达海启。1942年1月，陈国权牺牲，高峰到了东南行动队（短枪队）为队员。

1943年4月，日寇为实现其"以华制华，以战养战"的战略目标，调集1.5万优势兵力，对苏中四分区（"通启如海"）根据地，实施血腥"清乡"。一时间，苏中地区与华北冀中地区一道，成为全国抗战艰苦的地区之一。新四军抗击日伪对苏中军区第四军分区"清乡"的斗争开始后，高峰积极要求参加主力部队，经组织批准，到东南警卫团担任机枪手，随部队留在日伪"清乡"圈内坚持斗争。

苏中，面江临海，是日军侵华的后方基地，在敌后抗日民主根据地中，人口最多，物产最丰富，被称为"华中的乌克兰"。日伪以天生港为起点，沿公路、河道直至黄海边的鲍家坝，筑起约150公里的竹篱笆，封锁了沿江沿海的所有出口，兵力部署的密集程度前所未有，妄想困死人民武装。

1943年7月1日夜，在主力部队的掩护下，4万多群众和民兵，分成几十路，锯电杆、割电线，挖断公路，焚烧篱笆，整个封锁线上火龙飞舞，人声鼎沸。日伪军龟缩在碉堡里不敢出动，眼看着惨淡经营了3个月的竹篱笆，毁于一旦。

敌人的"第一期清乡"受挫后，日伪军疯狂报复，开始了更为残酷的"延期清乡""高度清乡"。面对敌强我弱的形势，盛钟秀所在的四分区的"反清乡"、反扫荡斗争最紧张最激烈。东南警卫团以班、排、连为单位坚持斗争，几乎天天打仗，天天转移。

1943年12月28日，高峰所在的连队奉命到日新河一带相机打击日伪。由于坐探告密，部队宿营地于翌日凌晨被敌人包围，连队领导迅即组织反击。突围中，高峰主动担任了断后掩护的任务，虽多处负伤，仍坚持战斗。弹药手要替换他射击，他坚定地说："只要我还有一口气，就一定坚持到底！"血战竟日，部队终于突出了重围。高峰因失血过多昏倒，未能随部队突围，不幸被俘。

敌人把高峰带到聚阳镇。在森严的刑讯室里，敌人问高峰："你是什么部队的？"高峰昂然回答："打鬼子的队伍！"敌人又问："队长是谁？"高峰回答："专打鬼子的！"日寇恼羞成怒，挥刀斩掉高峰的一截手指，高峰坚强地站立着，指着一旁的伪军和翻译怒斥道："中国就害在你们这批卖国贼手里！"凶残的敌人又砍掉高峰的一截手指，高峰晕了过去。敌人将冷水泼在高峰的脸上，高峰苏醒过来后，继续痛斥敌人的暴行。技穷的敌人又砍掉高峰其余的手指，高峰数度晕倒，数度醒来，而敌人除了饱尝一顿义正词严的怒骂之外，什么也没有得到。

1943 年 12 月 31 日，高峰为伟大的抗日战争流尽了最后一滴血，年仅 18 岁！他的血液里流淌着镇海人民的忠诚和英勇。

第六章
家训家风

  家训是指家庭对子孙立身处世、持家治业的教诲。家训在中国形成已久，在传统社会，家训是家庭的重要组成部分，对个人的教养、处事都有着重要的约束作用。同时，家训是中国传统文化的重要组成部分，也是家庭中的重要组成部分，对个人、家庭乃至整个社会都有良好的启迪教育作用。除了"家训"这个名称之外，其他名称还有如家诫、家诲、家约、遗命、家规、家教等。

第一节 家 训

　　家训或单独刊印，或附于宗谱。自汉初起，家训著作随着朝代的演变渐趋丰富多彩。其中最为人所称道的名训，如《颜氏家训》《朱子治家格言》等，至今脍炙人口。家谱中有不少详记家训、家规等以资子孙遵行的治家教子的名言警句，成为人们倾心企慕的治家良策，成为"修身""齐家"的典范。例如，"一粥一饭，当思来之不易"的节俭持家思想，在今天看来仍有积极的意义。

　　家训之所以为世人所重，因其主旨乃推崇忠孝节义、教导礼义廉耻，且记录着先辈的人生经验，可以促使家族血脉世代繁衍。此外，提倡什么和禁止什么也是族规家法中的重要内容，如"节俭当崇""邪巫当禁"等。

　　每个家族都有不同的族规家训。家谱中附载的家训族规，较为常见的内容，大致包括：

（1）注重家法、国法。

（2）和睦宗族、乡里。

（3）孝顺父母、尊敬长辈。

（4）合乎礼教、正名分。

（5）祖宗祭祀、墓祭程序。

（6）修身齐家。

家训是宗法制社会的精神载体，是中华民族传统道德的具体表现，也是人们生活经验、社会经验的总结。

骆驼桥盛氏家族的家训由始祖肃敏公亲自订立，但并没有单独刊行的家训家规，其家训附载在盛次伸主持盛氏家族第一次修谱的序中：

物本乎天，人本乎祖。故天道亨而万物顺，祖德懋而子孙昌。木本水源之思，是天理人情之至。惟不肖者罔念先德，处贫贱则放僻邪侈玷清白之高风，处富贵则傲惰恣奢坏勤俭之家法，虽金枝玉叶之裔，反不若下品寒门之流矣。若此者，举世皆然。

惟我祖宗以仁厚立心，以孝弟制行，其所以积德以遗子孙者。自康靖侯肃敏公以讫于今，凡二百五十余载，历世十五，凡子若孙皆范心术于正大光明，律行事于礼义廉节，仕者不辱于朝，耕者不惰于野，工者不废作，商者不罔利。凡此者祖宗垂荫积德之遗庆耳，故《易》："积善之家必有余庆"，此之谓也。反是必余殃召祸以致天讨，其不至于覆厥宗者几希矣，尚何望于后世之兴哉！凡吾同宗盖亦思念祖宗之遗德，言所当言，行所当行，名不坠其所著，业不废其所成，先后一德以济世美于无穷，则其孝也，亦何忝于永世克孝者哉！

且吾始祖肃敏公之训有曰："孝则亲乐，弟则长悦，忠则君任，信则友从，和则族睦，慈则幼怀，此六者，立身之本也。"

又曰："勤则家成，俭则用足，读者惜阴不废晨昏，耕者惜时不废农月，勤之道也。冠昏丧祭，称家有无；朝饔夕餐，随分蔬菜。衣不敝不更，屋不坏不治，俭之道也。此二者治家之本也。"

又曰："童不养正，长必奸险；女不早教，大必愚悍；慰之必诚，诺之必果；学乐诵诗，熏陶德性，养正之道也；和顺柔从，导其当为，纺绩织纴，习其有事，早教之道也；此二者，训幼之本也。"

又曰："欲启塞而疏流，先端本而澄源，此则为学之本也。"

又曰:"善恶分于一念,诚伪审于几微,此则正心之道也。诚能以正心为先,为学次之,然后幼而教训,长而成立,以治其家,庶几可以为人而无愧于天地矣!"

凡此五训,折衷先后,比类推明。不惮重复者,皆祖宗契道于心,虑后之远见,事之切谆勤恳到所以垂戒将来者至矣。夫天道之行,资阴阳而运;祖德之流,籍孝慈而传,可不自强乎?愚以衰朽之资,幸荷圣朝之宠,一诏赐谱,万代垂光,尤我子孙所当致思者,因备述祖训爰序以告于后云。

骆驼桥盛氏家训的第一条是"立身之本",要求子孙以孝、弟(悌)、忠、信、和、慈来处理人与人之间的人伦关系,从而立身于世,认为这些品德,无论在家庭中,还是在社会上,都能得到和谐。第二条是"治家之本",要求子孙勤奋、节俭。家训教导子孙以耕、读为业,珍惜光阴,勤奋做事;要节俭,即使是冠礼成人、婚礼、丧礼和祭礼这样的大事,也要按照家庭的经济条件量力而行,不可奢侈浪费;一日三餐,不可铺张和挑剔,要"随分蔬菜",有啥吃啥。要珍惜物件,恒念物力维艰,因此,衣服没破就不要更换,屋宇不坏就不要修。这种节俭观念,不仅非常明智，而且合乎量入为出的经济规律。第三条是"训幼之本"，即对家族子女的早期行为规范的教育准则，要求对子女教以正确的行为及准则，使他们不入奸险之道。至于怎样才能做到"养正"呢，其方法是教孩子学习音乐、诵读《诗经》，以熏陶德性；抚慰孩子要真诚，答应他们的一定要做到，以培养孩子的诚信之道；使孩子和顺柔从，引导他们做应该做的事。对女孩子，也应该早日开始教育、引导，纺织女红也要从早学习起来。这一条中的"慰之必诚，诺之必果"，要求大人对小孩子真诚、守信，为孩子树立诚信的榜样，这对盛氏族人成人后无论在仕宦还是在经商中能保持诚实守信的作风，都有积极的教导作用。

家训的第四条"为学之本"，教导子孙在读书时，要正本清源，讲究学问的正统及其源流。第五条强调"正心"的方法和重要性，认为人如果能善恶分明，诚伪明辨，就做到了"正心"；"正心"之后，才是读书为学，再其次是早教；这些都做到了，长大了就能治理家庭，才能无愧于人生。

盛氏家训五条，由始祖肃敏公订立，其要点在于"正心"，即养成明辨是非的观念，是立身、治家、早教、为学的根本。这五条家训，朴素实用，它没有金榜题名、光宗耀祖的远大目标，只是以家训的形式，提醒后世子孙勤俭自持、耕读传家，忠孝修身、诚实守信，做一个人所应当做到的，因此，它对盛氏后人的影响是深远的。

第二节　家　　风

家训往往对子孙后代的影响深远，因此形成了良好的家风，为家族的旺盛奠定了良好的精神基础。盛氏家族的良好家风，主要表现在以下几个方面：

一、慈孝传家，笃宗恤族

慈孝是儒家思想的根本，因为家庭的和谐是社会和谐的基础，所以中国人最重视亲慈子孝。以此为起点，家庭和谐了，继而关心整个家族的大事，关心族人，那么家族也就和谐了。达到了家族的和谐，那么，也就促进了社会的稳定。

当然，讲到中国人的慈孝观念，我们应该剔除那些迷信、反科学的成分，要符合人自由发展的自然法则。

　　盛氏族人在重视慈孝传家、笃宗恤族方面，由七次编修宗谱即可见一斑。由于族人一代代的亲慈子孝、关心家族的榜样在，盛氏家族子孙都有很厚重的慈孝观念和家族观念。

　　盛氏东支益春公房二十七世孙盛炳钧（学名秉俊，字篆珊，号小吾），15岁丧父，他的母亲又长年卧病，作为长子、独子，盛炳钧毅然挑起全家的重担，除了在母亲的病床前侍汤喂药，还把家里家外的事都处理得井井有条。他的办事能力，即使是成人见了，都赞叹他能干。盛炳钧把三个姊妹体面地出嫁了，又妥善料理好母亲的后事。此时，盛炳钧想到先人的坟墓还没有妥善安置好，于是请风水师挑选了吉地安葬了先人，还为堂伯父母挑选了吉地安葬。因此，盛炳钧少小持家、孝顺母亲、旁及宗亲的孝行受到了族人的赞扬。

　　同样，盛在润（字玉如，号菊仙。东支益春公房，二十八世）的孝行和对同胞姊妹的手足之情，也受到了族人的褒扬。道光二十三年（1843）秋天的大风，吹坏了盛氏宗祠的墙，一半的房屋被损坏。当族人在灾后商议着要合资修建宗祠时，盛炳学的原配夫人葛氏站了出来，独立承担了所有修缮的费用。几个月后，宗祠就修缮一新。

此时，盛在润尚幼。盛在润为盛炳学的李姓夫人所生，排行老二，其兄盛在漳为葛夫人所出，早夭。盛在润8岁时，父盛炳学去世，葛、李二夫人合力抚养他长大。到盛在润13岁的时候，葛氏把自己的侄女嫁给了他。当葛氏去世的时候，盛在润"居丧尽礼"，当他的生母李氏去世的时候也是如此。因为长兄盛在漳早夭，盛在润把自己的长子钟圣出继给他，以奉祀她。盛在润有姐姐8人，姐弟间感情深厚，其中一个姐姐嫁往葛家，早寡无子嗣。盛在润就把这个姐姐接回家，并供养终身。

由于盛氏族人谨遵祖训，为家风所熏染，所以多注重亲情，对家人和族人大多能做到不离不弃。附贡生盛植衿（字振江，号震江。东支益春公房，二十六世）早逝，遗下4个儿子尚年幼，他的妻子卢氏在丈夫去世后，以柔弱的肩膀承担起整个家庭的重担，孝顺公婆，抚育孩子。不幸的是，在公公去世后不久，丈夫的两个弟弟相继得病卧床。卢氏任劳任怨，独立承担起侍汤喂药之事，不把这些事推给婆婆。她的婆婆非常感动，曾对人动情地说："我的两个儿子病得快要死的时候，都伏在枕头上连连叩头拜谢他们的嫂子。"后来，婆婆也病倒了，卢氏衣不解带服侍了十多个月，为婆婆养老送了终。她的孝行同样感动了族人，并在家谱中为她立传。当然，族人还看重的是卢氏守节守了 33 年。

中国人最重死后归葬故土，入土为安。盛炳珩（东支益春公房，二十七世）婚后一年即逝，留下青春年少的妻子顾氏。公公盛植才在广东当官，顾氏精心侍奉公公和婆婆。公婆死后，顾氏千里迢迢护送公婆的灵柩还乡，由盛植才的福建任所到镇海骆驼，间关数千里，其中的千难万苦，非常人所能想象。她的孝行由族人上报朝廷给予了旌表。

的确，好的家风需要好的家训，但能努力遵行它、实践它更为重要。正是因为盛氏族人一代代的践行，成就了盛氏家族的瓜瓞绵延。

二、乐善好施，义睦乡邻

盛氏家族为慈镇望族，在慈、镇两邑有很高的威望。这种威望，来自盛氏家族的子孙能乐善好施，义睦乡邻。

家传称，介轩公盛邦藩"有嘉言懿行垂于乡党""好为利济事乡人，有善举必公为之倡"，他除了为宗族建宗祠、置祠田、修宗谱外，还在乡里多行善举，为乡邻所尊重。盛邦藩为人严正而和气，能以善行感化乡人，即使那些在乡里横行强横之人，见了他也肃然起敬。

盛植麟，字在郊，号緗斋，东支益春公房，二十六世，为金门公盛廷诏的长子。家传称他"性宽厚，里中人暱就之，无老少戚疏皆伯之曰'在郊伯'"。这个至今在骆驼桥民间有故事流传的在郊伯家资富饶，却从不在人前夸耀和以骄吝待人，为人和气，无富家翁的气势。如小商小贩上门来把卖剩的劣等烂货卖给他，他都照单全收的故事，如他对待邻家子经常到他家来吃饭的故事，这种与邻为善的善行，都使周围的老百姓很感动。

盛氏族人在邑里行善，代有子孙之善行为邑人所称道，因此也在地方志书中得以记载和流传。例如，清代冯可镛修、杨泰亨纂的光绪《慈溪县志》，对盛氏家族子弟的善行多有记载；再如，盛梁为了修缮城墙以防御倭寇，把家中三百多亩良田尽数卖掉，用于修城墙，使一邑得以平安的故事，就被记录了下来。

三、爱国爱乡，保家为民

盛氏家族有以优良的家风传于后代，其后世子弟无论在朝在野，都以爱国爱乡，胸怀天下，为人所称道者，更有以生命、财产为国家贡献、牺牲自己的一切者。

例如盛梁，明朝人。据家传记载，在嘉靖时，慈溪县城遭倭寇的侵扰最为严重，"县当其冲"，而县城的城墙倾圮，无法抵御倭寇的袭击，民众受倭寇袭击的祸害最烈。盛梁于是发愤将家里祖传的良田三百亩尽数卖掉，用这些银两来修缮城堡，"自是境内始得安枕"，这样的义举，真是让人敬佩！

再如，盛道禄（1612—1649），字在中，东支益春公房，二十一世，为十九世庆十九、名盛梁的孙子，其父盛本渭（字胜川）。盛道禄还被过继给大伯父盛本渠为继子。家传称，盛道禄一生务农，当明末世乱之时，闻时事，他每每会"倚末叹息"。当盛道禄听说崇祯帝在煤山自缢而死时，每天寝食失常，有时会从睡梦中哭泣而醒。那时，战乱还在遥远的北方，浙江还比较安定，邻人见到盛道禄这个样子，以为他生病了，都不以为奇怪。

盛道禄生性喜欢吃枣，从崇祯吊死煤山之日起，他买了数百粒大枣，把它们贮藏在瓦器中，并放在卧室里。不久，听说福王继位，盛道禄的日常起居才稍稍恢复原来的状态。又过了不久，盛道禄听说南京城破，潞王又投降了清兵，清兵已到了长江岸边。此时，盛道禄忽然发狂，想自尽，幸被家人及时救起才免于一死。鲁王监国时，盛道禄不再去地里耕种，而是每天去县城打探消息，或者在家里准备安排身后事。清顺治三年（1646）六月，清兵渡钱塘江，鲁王退避到温州，盛道禄想跟从而去；后来，鲁王又避入福建，盛道禄在家犹豫了好几个月，终是无所适从。于是，从顺治五年（1648）四月开始，盛道禄登上自家的小楼，关起门来，每天吃很少的几粒枣，用瓦器承接屋檐水饮用，每天就这样度日。到了年末，有传说鲁王被杀了，盛道禄就开始绝食，六天后去世。

盛道禄以一乡野中的农民，关心朝政，关心国家、民族的命运，最终以绝食殉国，其行为可歌可泣，与明末当时许多的朝廷命官、清议的士大夫们的行为比起来，盛道禄当国家、民族危急时刻的气节，其高下立见。

四、关心公益，前赴后继

盛氏家族子弟对族人和乡邑的公益事业，无论是族内还是乡邻，无不积极奉献，前赴后继。

在修建宗祠方面，盛氏族人前赴后继，尽到了子孙应尽的义务。盛家有东、西两座祠堂，地界慈溪镇海之交，在镇邑的叫"西祠"，为大宗祠，在镇邑西六二，背西朝东；在慈邑的为"东祠"，为慈邑四都一图，背北朝南。先有西祠，后有东祠。乾隆元年（1736），盛文珑在主持修谱完成之后，"又念吾祖吾宗皆膺累朝锡命，而不大庄庙制以为神灵栖息之所，诸宗人徒于寝室之内各自瞻拜，不能成礼，其何以合欢心而联祖孙于一气，爰卜地于宅之东南，相阴阳之所宜，流水之所会"，亲自主持修建了东祠堂。这次修建东祠，从乾隆元年（1736）破土动工，到乾隆四年（1739）竣工，历经四年，并增置了族田。

东祠堂建成之后不久，盛文珑的儿子盛邦藩又继承父志，增修东祠。这次增修，"于东庑外设厨三楹，而执炊有所矣；于堂之前建台一座，而奏乐更有声矣；于池之内外砌以巨石、周以石栏、跨以圆桥；桥之南缭以高垣，中设正门，左右设两扉而体统益严、内外益辨矣"，增建了厨房三间、戏台一座，把水池建成泮池的样子，又建围墙和正门，把池子围入，这样在功能上更为完备，在格局上更为严谨。同样，为了筹备祭祀资金，盛邦藩还增置祀田二十余亩，后来又有所增加。

东宗祠建成之后，在嘉庆年间盛氏族人又增建了后堂，由盛廷谔出资。

此后，又有一次大修，这是因为在道光二十三年（1843）秋天，大风吹坏了盛氏宗祠的墙，一半的房屋被损坏。盛廷谔的孙子盛炳学的原配葛氏独立承担了所有修缮的费用，几个月后，宗祠就修缮一新。

盛在邦从事海运业致富后，非常关心族内的公益事业。西祠由于年久失修，栋宇墙垣都有倒塌的危险。盛在邦首先输捐，并与族内商议重修，终于使其焕然一新。

道光末年，由北船航运发家的盛炳澄参与了出资捐助北号建宁波庆安会馆。北号庆安会馆于道光三十年（1850）始建，咸丰三年（1853）落成。庆安会馆如今尚在矣！

盛炳澄在海运发迹后，还出资为族人建义庄。据光绪《慈溪县志·善举》记载："盛氏归厚堂义庄在东乡四都一图，光绪元年（1875）里人盛炳澄出银一万两，命其子在钊建义庄一所，甫经创始人炳澄递卒，未几，在钊也卒，在钊弟在镐、在釴、在钰、在钫，暨在钊继子钟彬（梧冈）承先志，踵成之。"

盛炳澄想模仿宋范文正公（范仲淹）购置义地，以赡养族人的义举。但因为在咸丰年间，恰逢土匪侵扰，颠沛未遑，因此，建义庄一事就被耽搁下来。直至光绪年间，这个动议才决定下来，于是拨家中资金达万金，他的后辈遵照他的遗训运筹谋划，选定土地并召集人工，建义庄一所，房间很多间，中间为堂，取名为"归厚"，房屋的各种功能都具备了，墙垣井然。以后又陆续出钱，购置附近的常熟田五百四十亩，及本镇上的街屋二间，根据田、屋的收益，以供养族中的孤寡残疾者，使他们没有冻馁的后顾之忧。当资金有余时，又设义塾，请名师为族内的子弟授课。盛氏归厚堂义庄对盛氏族人的赈济、教育之功功不可没，尤其在凝聚宗族成员人心方面，强化了宗族的同宗同根同源的认同感。

在关心地方公益，诸如修桥、铺路、兴修水利、兴办教育方面，盛氏族人也都前赴后继地贡献了自己的力量。在中大河上靠近骆驼桥老街长明弄前的河段上，曾经有紧挨着的三座木桥，分别叫作"饼店桥""中间桥""景福斋桥"，原称"盛家三桥"，由盛氏家族出资建造。饼店桥是一座单跨小木桥，因为附近有一家烧饼店，就称它为"饼店桥"。饼店桥向西百米左右的那座木桥，由于处于饼店桥和景福斋桥中间，大家就都称它为"中间桥"。如今的景福斋桥已被改建成钢梁桥，另外的两座桥早已不见踪影。

盛氏家族修建贵胜堰又为一例。贵胜堰在骆驼桥街前中大河上，西接海潮，东通上河，毗连镇海的西管乡，灌溉田地数万顷，为重要的水利灌溉设施，还兼具重要的蓄洪、航运功能。据《镇海县水利志》记载："宋宝祐间（1253—

1258），吴公潜、倪公可久建化子闸（亦名关潮闸），引丈亭后江经潮汐顶托淡水入中大河以达城区，近中又节之以贵胜、大寺二堰以严蓄泄。"盛氏族人有好几代人曾为之修建，他们为盛在镐、盛梧冈、盛筱珊、盛午清等人。如今，桥、堰、碑尚在，似乎还在静静地诉说着当年"宁波帮"人士和盛氏家族子弟的善行。

良好的家风，一是促进了家族的团结，使得家族成员对祖先、血脉亲情能保持长久的认同感；二是使得他姓、乡邑对家族认同、尊重；三是在外部环境方面，促进了家族传承。

附录　建筑遗迹

　　骆驼桥盛氏为当地名门望族，其旧宅和公益建筑均以木架结构为主体，砖墙片瓦，曾横跨慈镇两县，即后来的东盛、西盛、桥里盛、堰头盛、大盛弄等，就是现在的金东、余三、西盛、渔业等村和现在的盛家社区大部分地方，以及中街社区的一部分地方。在那里，盛氏家族都曾留有建筑。此外，在现在的宁波城区还有盛家花厅和盛宅。一幢幢深宅大院和一些建筑群，见证了盛氏一族"宁波帮"的发迹史，以及财富积累的象征，体现着盛氏家族聚族而居的家族特征，在这些建筑精湛的艺术背后凝聚着先人们对美好生活的向往和家族香火绵延的梦想。

一、盛家堰头大屋

　　盛安堰头大屋建于清代中期，重檐硬山顶砖木结构，建筑占地面积 2179 平方米，坐北朝南，是一座由前庭、后厅堂、东西两厢房组成的"四合院"。院内设前后两天井，前庭有明堂穿间，东西厢房廊檐宽敞，木质窗檐板门窗，力柱装饰简朴，院内石板地坪，建筑规模宏大。

二、盛氏门楼

盛氏门楼位于余三村南面，濒临中大河，建于清代，为盛氏祠堂的配套建筑，是清乾隆年间官宦兼富商盛在郊居宅的甬道，已有200余年历史。门楼占地面积7平方米，系巨型砖雕，坐北朝南，双面砖雕，全砖砌斗拱式台门，为二重四柱三门建筑。门前放置一对石鼓，门楼建筑至今保存还算完整。门楼高6米，宽3米，砖雕构造精致，门楼高耸，气势恢宏。盛氏祠堂鼎盛时期为三进四明轩，99间房，称"九十九间走马楼"。祠堂上有"父子登科"四字，那是因为盛植型和盛炳纬父子都是进士出身。

盛氏门楼主体保存较完整牢固，砖雕技艺较高，具有一定的历史价值和艺术价值，2000年12月公布为镇海区文物保护单位。

三、盛丕华故居

盛丕华系盛在郊后裔，他的居宅在盛在郊大宅的最后一进，建于清代。现在有楼房数间，结构尚完好，最为完整的有高平屋 5 间，自成院落。该住宅现有门楼、厅堂、前房、后房，坐北朝南，建筑占地面积 931 平方米，硬山顶砖木结构。该宅的厅堂、后房建筑用材讲究，"牛腿""雀替"，抱鼓石粗壮，后房双梁抬柱，梁架雕刻精致，木雕水平精湛，制作工艺较高。

四、盛在郊大宅，又称"九进十明堂"

盛在郊发迹后，在清乾隆、嘉庆年间建造这座大宅。宅院南北长 500 米，前有砖雕台门一座，宽阔通道，为慈镇地区最有名望的官商府邸，现整体结构有很大改变，但台门、甬道、头门、前大厅尚在，而后几进及左右厢房改变较多，完整性欠缺。原大厅上方悬挂匾额，书写"敬德"两字，喻义心有敬畏，崇德尚学。盛在郊在这里办过义塾（另有一说认为，这义塾就是敬德学堂），因此，人们又称盛在郊为"盛敬德"。

五、余三大夫第

清乾隆、嘉庆年间，盛在郊在此建成大宅，宅名即称大夫第，至今尚有旧宅的遗存。从砖门楼进入，是一条长约 50 米的甬道，两侧为厢房，甬道尽头为一排房，中为过堂，两侧有房数间，天井对面是盛氏祠堂，此厅堂按建筑风格建于清代中期，象鼻斗拱，牛腿雀替，鹰鼻勾梁，均保存较好。这座大宅雕梁画栋，虽已残破不堪，但仍能看出当年的气势恢宏和豪华，厅堂建筑面积100平方米，整个大厅用20根粗约22至40厘米的立柱支撑着大梁，两侧由穿堂进入后院内院，后院为三进，每进有穿堂相通。至今该建筑群多数建筑已毁。不少房子经改建、搭建已面目全非。

六、盛家后新屋

位于骆驼桥东盛，又叫"盛筱珊大屋"，也称"九十九间走马楼"，是盛氏一族富有的象征。该建筑占地面积2500多平方米，共有前后两幢，也可说正屋前中后三进，两厢长明轩四埭，中置厅堂，重檐五级马头墙。盛氏一族于清晚期家族振兴后建造该院。1958年，大院曾为宁波师范学校校舍，因当时学校经费困难，院中许多粗大木柱子被砌砖头柱换下制成课桌，故大院受到严重破坏。1961年以后为骆驼镇中学所用，后又因年久失修，局部坍塌。2012年，骆驼街道棚改时被拆掉。北仑的企业家胡云国知道这个地方的历史价值，毫不犹豫地花了100多万元买了这座房子的石材，盛氏家族的古建筑材料就保存在他的艺石庄园。

据说"东河港"江从中大河到后新屋，形状里大外小，形如扫帚，盛家后新屋前有方形大马槽就如一个簸箕，东河港水滚滚而来就如把财富扫进了盛家后新屋，因此盛家人除仕宦外多从事商贸活动，富甲一方。这幢大院就是盛氏一族作为宁波著名商帮发迹后的历史见证。

七、盛氏归厚堂义庄

盛氏于乾嘉年间开始从事沙船货运业，到道光年间已形成规模，盛氏为宁波九大北号舶商之一，宁波承运漕粮第一家。族人盛炳澄海运发迹后，于光绪元年（1875）议定，拨家资万金建造义庄，赡养族人。不久，炳澄卒，其子等遵照父亲遗嘱，开始购田造庄，义庄名"归厚堂"。他们在附近置好田五百四十亩，将收租谷分给族中孤寡残疾者，不使他们挨饿受冻；又在义庄内开设义塾，将多余资金和本镇街房两所出租收入作为义塾经费，请老师上课，让族中子弟接受文化教育。

八、盛氏花厅

在热闹繁华的月湖盛园历史文化街区内有一处名为"郁

家巷"的小巷。入巷后，之前的嘈杂声一下就从耳旁消散，瞬间使人置身于另一个安静的世界，这里没有人声鼎沸，只有偶尔的鸟鸣从不远处传来。从巷口出发只需步行几十米，就走到一座三合院的郁家巷 2 号门牌下，此处的这座青砖灰瓦的深宅大院，锦架式大门朝西，前为照壁，进门有一幢精巧的建筑，现称盛氏花厅，即盛炳纬故居。这是一座清代建筑，占地约 600 平方米，从布局来看，它保留了宁波众多民居的照壁挡堂、从旁开门、主体建筑四周用墙遮隔的特色，从建筑风格来看，它雅致精巧，为研究宁波民居提供了实物样本。

盛氏花厅的原主人为清同治、光绪年间的诸生林廷鳌。林廷鳌，字靖南，福建莆田人，原本一直在福建做木材生意，后来迁居到宁波。林廷鳌晚年选择镇明路建造了自己的府邸林宅，又在一街之隔的郁家巷营建了近性楼，作为读书藏书之所。他喜欢读书，是个博通经史，能文善画，精晓音律，尤工诗词的学者文人。他时常在自家居宅旁的楼阁里约几位志同道合的朋友，或读书挥毫，或抚琴鼓瑟以自娱，书阁内悬佛像，置琴瑟及藏书等，书阁前垒有假山，旁掘水池，有翠竹、绿蕉、碧梧、苍松等佳木。主人以山性近静、水性近灵、竹性近虚、松性近坚、梧桐性近孤、芭蕉性近卷舒等的品格来陶冶自己的情操，因命其名为"近性楼"。满族人奎照帮林廷鳌作有《近性楼记》，为之取名"近性楼"，文中的连续排比句将近性楼得名的来历，解释得非常清楚。因该楼阁建筑，飞檐翼角，远看如一艘巨舰停在那里，故又名"停舻"。后近性楼为盛炳纬所有。

近性楼环境幽静，盛炳纬也将其作为书房，后俗称为"盛氏花厅"。盛炳纬器量颇大，在买下近性楼后，并没有将其改名，仍然沿用"近性楼"为名。至于"盛氏花厅"这个名字，是因为周围的邻里街坊看到这幢建筑的风格，再配上主人的姓名，才叫"盛氏花厅"。这类小巧精致的庭园建筑，在宁波市仅此一家。

盛氏花厅位于月湖的郁家巷历史街区1号和5号，1981年12月被公布为海曙区文物保护单位。

九、宁波镇明路盛宅

位于宁波海曙区镇明路12至14号，由一座近代建筑及东侧三合院组成。这处建筑由原宅主人盛炳纬亲自请人盖的，当年占地十三亩，在宁波城里是最气派的私宅。

这座近代建筑坐西朝东，面阔三开间，楼高三层，东西立面饰高浮雕玫瑰山花，两旁砖柱端部饰卷草纹，堂前走廊地坪铺设有红黑相间地砖。顶楼分南北阳台，瓶式水泥栏杆。该建筑在1981年遭火灾毁灭，其地已另建居民高楼。

东侧三合院坐北朝南，占地面积510平方米，由五开间高平屋及两旁厢房组成。前院落单檐硬山顶建筑，五开间，前后两天井，四周围墙，中设大门，其南侧有一通道，其北侧少了一间；中院落由一主体建筑及左右厢房组成。主体建筑，重檐硬山顶结构，五开间，五柱五檩；左建同向偏屋一间，右建与右厢房同向偏屋两间一弄。右厢房单檐硬山顶结构，三开间三柱五檩；左厢房民国时已改建为小洋楼，三开间，双层建筑，顶楼分南北阳台，花瓶式水泥栏杆。厢房墀头石雕松鹤、梅花鹿图案。这座三合院建筑的雕花柱子很大，木材是从云南特地运过来的。门内有宽大的楼梯。

后院有一栋三层的洋楼，是盛炳纬的儿子盛在玑等几个兄弟读书用的，应该算家塾。洋房边上有体操场，安置了当时很稀奇的双杠和单杠，洋房二楼有一些植物和动物的标本。洋房后面是晒场，有水井专供洗衣服用，最后面一排20间小屋，专供保姆等居住。那时家里有男女用人上百人，主人则有近20人。盛炳纬的孙子盛钟昌就是在这所房子里出生的，直到20世纪20年代末移居上海。20世纪

50年代，盛钟昌将它交给了当地政府。

2003年8月，宁波市文化局公布其为第三批市文物保护单位。

2009年这处建筑毁于盗贼之手，只剩下一座孤独的洋楼，四周成了公共停车场。

十、镇海东城盛氏祠堂

光绪十三年（1887），盛植型临终前曾嘱咐盛炳纬等，将被太平军所毁的镇海东城毗邻镇远门的武衙桥祖屋地址改建成祠堂。祠堂于光绪十四年（1888）完工，民国时期绘制的镇海地图上也有标明。祠堂在中华人民共和国成立后成了公安局的职工宿舍，"文化大革命"后又遭到拆迁，遗址现属于招宝山饭店的一部分。有人在招宝山饭店附近的空地上看到一块石碑，石碑因年代久远字迹已模糊，但依然能看出上面刻的是陈三立撰写的《盛炳纬家传》，就是从祠堂里流落出来的。这座曾经居住了五代先祖、诞生了两代进士的祖屋和改建后的祠堂，就这样被湮没在岁月的长河中。

后　记

　　骆驼街道商帮文化资源深厚，大的商帮家族不断涌现，如方氏、盛氏、翁氏、洪氏等。他们在商业上取得成功后，往往造福桑梓、反哺家乡，或者开拓领域，在文化、教育、科技等方面也做出独特贡献。近年来，骆驼街道注重挖掘商帮文化资源，先后出版了《枕梦骆驼桥》《遗梦骆驼桥》等书籍，为地方历史文化传承做出了有益探索。

　　骆驼桥盛氏为慈镇二邑望族，是宁波帮中一支重要队伍，对整个宁波帮的发展都起到了重要的影响，但他们的事绩却稀为人知。为了宣传弘扬盛氏宗族事迹，2019年起，骆驼街道决定编写《寻梦骆驼桥》一书。

　　编撰过程借鉴了《枕梦骆驼桥》《遗梦骆驼桥》的创作经验、文史资料和力量构成，组成了编撰小组。林伟先生作为本书初稿执笔人，在民国时期盛氏族人修编的《慈镇盛氏宗谱》基础上，尽可能地从各个方面查找、收集有关资料，编辑成文并几易其稿。杨燚锋老师对文稿进行了系统修改整理，唐斌源、郑毓岚、陈海国等老师也都积极提供史料支撑和提纲建议，邹芳芳、郑适民、张群超等同志也为本书编写做出了贡献。对他们的辛勤付出表示衷心感谢！

本书在编撰之初就以"展现盛氏家族创业史，并非为其树碑立传"为考量，过程中力求内容客观准确、故事生动、语言平实、可读性强。因史料所限，本书所集内容尚不能全面展现盛氏家族的功绩。成文过程中也难免有不足之处，敬请海涵指正。

编　者

2023 年 3 月